基础教育课程创新实践与教师专业发展丛书
编委会

主　编　周巧玲

副主编　褚宏祥　刘　悦

编　委　王　英　张良朋　周京峰　贾万刚

　　　　翟　静　刘　莹　陈月仙　逯凌虹

　　　　高生军　闫　静　孙现红　刁迎雪

基础教育课程创新实践与教师专业发展丛书

基于核心素养的青少年科技教育理论与实践

褚宏祥　刘莹　闫静　著

中国科学技术大学出版社

内 容 简 介

本书为山东省淄博市政府"校城融合"项目建设成果之一。本书以学生发展核心素养在科技教育课程中有效实施为逻辑起点,探讨科技教育课程融入核心素养的路径以及整合策略等一系列问题,提出基于核心素养理论的青少年科技教育课程实施的策略和整合模式,为科学教育教材编写、课程设置等提出相应的建议。本书既可供小学科学课教师使用,也适合博物馆、科技馆等机构的工作人员阅读参考。

图书在版编目(CIP)数据

基于核心素养的青少年科技教育理论与实践/褚宏祥,刘莹,闫静著.—合肥:中国科学技术大学出版社,2021.6
ISBN 978-7-312-05027-5

Ⅰ.基… Ⅱ.①褚… ②刘… ③闫… Ⅲ.科学技术—教学研究—小学 Ⅳ.G623.62

中国版本图书馆CIP数据核字(2020)第146725号

基于核心素养的青少年科技教育理论与实践
JIYU HEXIN SUYANG DE QINGSHAONIAN KEJI JIAOYU LILUN YU SHIJIAN

出版	中国科学技术大学出版社 安徽省合肥市金寨路96号,230026 http://press.ustc.edu.cn https://zgkxjsdxcbs.tmall.com
印刷	安徽省瑞隆印务有限公司
发行	中国科学技术大学出版社
经销	全国新华书店
开本	710 mm×1000 mm　1/16
印张	11.25
字数	202千
版次	2021年6月第1版
印次	2021年6月第1次印刷
定价	45.00元

总　　序

愿每个人都成为教育改革的积极力量

淄博师范高等专科学校是一所以培养、培训小学及幼儿教师为主的全日制普通高校。自创建以来，一直弘扬"与时俱进"的精神，秉承"立德树人"的校训，大力实施"质量立校、人才强校、特色兴校"战略，为淄博市乃至山东省的基础教育和社会发展做出了重要贡献。2018年，学校依托淄博市"校城融合"项目——基础教育创新发展研究平台，专门成立了基础教育创新发展研究院。为充分发挥研究院服务地方基础教育创新与发展的引领作用，推进"校城融合"子项目的落地和实施，研究院采取充分开放的合作机制，遴选校内外相关领域的学术专家编写了《基础教育课程创新实践与教师专业发展》丛书，及时解读教育政策变化，介绍国内外先进的教育理论成果和实践经验，撷取最新的教育观点、典型教育事例，捕捉教育发展的生长点，建构具有新时代特色的教育教学实践范例及理论成果，据此提升基础教育理论的研究水平，更好地服务于地方基础教育工作。

本丛书在写作过程中力求体现三个特点，即"真问题导向""高观点关照""实研究支撑"。

其一，真问题导向。"问题"是研究的出发点，没有"问题"就没有真正的"研究"，就是"假研究"。需要注意，"问题"本身也有真假。"真问题"一定是客观存在的、作用关键的、体现事物深层意义和本质问题的。丛书中的每一个写作主题，均源于对基础教育改革实践中真问题的发现和思考。众所周知，"问题"的价值、意义曾长期遭到忽视，甚至被视为改革发展前进道路上的敌人。其实，问题就意味着机会，发现问题就意味着开辟了新的发展空间。真问题表现了一种发展的鲜活状态，是我们这个时代真实状态的表达,是对基础教育一线呼声的回应,是解答和处理问题的指向标。丛书中的每一本著作,均洋溢着鲜明的导向,即通过反思调研发现问题,通过理性分析界定问题,通过追根溯源锁定问题,通过切实措施解决问题。

其二,高观点关照。基础教育改革如火如荼地进行着,在取得种种进步的同时,各种乱象、弊病亦频频出现,干扰了我们前进的方向,拖累了我们前进的行程,阻滞了我们前进的精气神。怎么办?"不畏浮云遮望眼,自缘身在最高层",只有通过历史的眼光仔细审视,借助高端的理论深入剖析,运用系统的方法整体关照,我们才能居高临下、前后联系地在复杂的现实中开拓出璀璨美好的教育新境界。基础教育改革对我们提出了更高的要求,如何站上理论的高处关照改革进程中的真问题、真事件、真举措,如何区辨"来路",走出"歧路",开创"新路",拓宽"正路",延伸"远路",成为本丛书要回答的问题。理论和实践都告诉我们,基础教育是一种历史与现实的共同存在,我们尝试着从新时代的坐标系中思考基础教育的发展。这个新坐标系的原点是核心素养视域下的儿童发展,横坐标是教育改革发展的内容维度(或称构成要素),纵坐标是教育改革发展的生成维度(或称历史演进),横坐标与纵坐标共同构成了具有召唤性的教育发展结构。我们循着历史的脉络,行进于现实的世界,做着面向未来的研究工作,尽我们所能给出有益于基础教育可持续发展的建议。

其三,实研究支撑。好的研究必须经历真实的过程。以前常听人们说的"开题轰""结题空""中间松",批评的就是没有真实过程的"假研究"。当研究活动异化成了书面材料的简单累积、东拼西凑的技能应用、抄来抄去的反复折腾,真研究的旨趣便消失殆尽了。讲实话,本丛书来之不易,每一本书都是作者长时间研究的结晶,有的书稿的写作持续了近20年。多年来,他们一直醉心于自己选定的研究主题,不仅成功地申报了各级教育科学规划课题,还充分利用其他时段和机会进行孜孜不倦的研究和论文撰写,积累了大量的高品质研究成果。在研究的过程中,既有取得突破的愉悦,也会遭遇挑战乃至失败,于是进一步学习、研究、改进,不懈地向前,不断地提升,最终品尝到了成功的喜悦。

值此丛书付梓之际,谨向参与丛书创作的各位老师和专家致以崇高的敬意,向关心、支持本丛书写作和出版的各位领导、专家致以诚挚的谢意!

过去不易,当常怀反思敬畏之心;未来已来,应不负时代执着向前。"我们在一起,就像一滴水融入另一滴水,就像一束光簇拥着另一束光。因为我们知道,唯有点亮自己,才有个体美好前程;唯有簇拥在一起,才能照亮国家的未来。"未来需要你我的共同照耀,愿我们每个人都在平凡、真实的生活中创造出属于你我的伟大和可爱,愿每个人都成为推动教育改革的积极力量!同时,也期待基础教育创新发展研究院在校内外专家学者的关心支持和共同努力下,成为校城融合和教师职业能力提升的可持续发展的优质教科研平台,广聚贤才,推动学校教学科研工作的顺利开展,提高基础教育服务地方发展的质量和水平。

周巧玲
2020年3月于淄博师专

前　言

2016年9月,中国学生发展核心素养概念正式发布。中国学生发展核心素养以培养"全面发展的人"为核心,分为文化基础、自主发展、社会参与三个方面,综合表现为人文底蕴、科学精神、学会学习、健康生活、责任担当、实践创新六大素养,具体细化为国家认同、人之情怀、审美情趣、理性思维、批判质疑、勇于探究等18个基本要点。面向核心素养的课程整合已成为国际课程发展的趋势,也是我国新一轮课程改革深化的总指引。以核心素养为指导,以课程整合为依托,促进课程改革与发展,构建以学生发展核心素养为中心的中小学课程体系,已成为课程改革发展的主旋律。核心素养中重要的一项是科学精神,对于将科学素养的培养落实在具体课程中,课程整合将是一个关键途径。

本书以中国学生发展核心素养如何在科技教育课程中推广为起点,探讨科技教育课程如何体现核心素养的本质诉求和整合策略等一系列问题。从培养学生核心素养出发,研究科学教育如何围绕培养学生的核心素养展开,如何在学生的核心素养和课程框架之间建立实质性的连接,如何保证课程的实施为培养学生的核心素养服务。

本节遵循理论先行、现实描摹、问题诠释与路径建构的研究思路。首先,通过对文献的梳理,对核心素养与小学科技教育课程整合的相关研究进行分析和研究,从核心素养的实质,科学教育的产生和发展过程、内涵、本质、价值、目的等方面入手,阐明立足核心素养对于小学科技教育课程整合的理论依据和重要意义,搭建课题研究的理论框架。其次,通过运用多种有效的教育研究方法,如问卷法、观察法、访谈法等,开展实证研究,了解当前小学科学教育发展的真实状态、存在的问题以及课程整合中面临的困境,阐述基于核心素养的小学科学教育整合的必然性。再次,对小学科学教育整体发展现状进行反思分析,揭示问题产生的深层次原因,并从整合课程框架设置、教育内容、教学实施、教育评价、教育管理、教师培养等方面详细阐述存在的问题和局限性,确立反思小学科学教育发展问题的新视角。最后,构建基于核心素养科学课程的实践路径。聚焦学生核心素养的发展,着力进行课堂教学改革,形成与核心素养培养相配套的教学方式,以满足学生核心素养培养的需要。从把握科学教材整合组织的价值、改革科学教育教学方式、强调科学探究学习、构建科学课程整合组织评估维度、加强对学生科学精神的培养、提高教师科学素养等方面提出科技教育课程整合的优化策略,促进青少年科学课程的有效开展。

　　本书的最终目的是真正让核心素养的培养落地生根。核心素养的培养如何具体落实到课程实践之中,是一线教育工作者最为关注的焦点问题,同时也是难点问题。本书将培养学生发展核心素养作为科学课程事实的依据和出发点,提出基于课程整合理论的小学科技教育课程实施的策略和整合模式,为科学教材编写、课程设置等提出相应的建议;开发深度整合的科技教育课程,提升教师专业素质,建立区域协作共同体,为青少年科学教育生态系统的构筑提供动力与保障;建立基于核心素养的科技教育课程质量评价标准。

　　在淄博市校城融合项目研究中,需要设计有关科学课程的项目并实施,由此我们萌发了编写本书的设想。本书试图在课题的研究基础上,围绕核心素养及资源整合问题,扩大研究范围。因自身水平有限,书中疏漏之处在所难免,恳请诸位学界同仁批评指正。

　　本书得到了各位领导和老师的协助和大力支持,他们在材料和构思上给予我巨大的帮助,在此表示衷心的感谢。此外,本书还得到了学校周巧玲副校长、科研处王荣敏处长和科研处诸位老师的大力支持,在此一并感谢。

　　言不尽处,顿首以谢。

编　者

目 录

总序　愿每个人都成为教育改革的积极力量 ……………………………………（ⅰ）

前言 ………………………………………………………………………………（ⅴ）

第一章　核心素养基本理论 …………………………………………………（ 1 ）

　　第一节　核心素养的概念 …………………………………………………（ 1 ）

　　第二节　核心素养的发展演进 ……………………………………………（10）

　　第三节　我国学生发展核心素养 …………………………………………（12）

第二章　青少年科技教育概述 ………………………………………………（18）

　　第一节　青少年科技教育的内涵 …………………………………………（18）

　　第二节　青少年科技教育的目标体系 ……………………………………（22）

　　第三节　青少年科技教育的基本内容 ……………………………………（31）

　　第四节　青少年科技教育发展的新愿景 …………………………………（35）

第三章　基于核心素养的青少年科技教育可持续发展观 …………………（37）

　　第一节　青少年科技教育系统的结构 ……………………………………（37）

　　第二节　青少年科技教育可持续发展系统的特征 ………………………（41）

　　第三节　青少年科技教育可持续发展系统的运行 ………………………（43）

　　第四节　青少年科技教育运行的现状调查与分析 ………………………（52）

第四章　基于核心素养的青少年科技教育课程统整 ………………………（62）

　　第一节　课程统整的基本理论 ……………………………………………（63）

　　第二节　基于核心素养的科技教育课程统整的原则 ……………………（66）

　　第三节　基于核心素养的科技教育课程统整的要素 ……………………（70）

第四节　基于核心素养的科技教育课程统整的模式 …………………（ 73 ）
　　第五节　基于核心素养的科技教育课程统整的设计架构 ……………（ 84 ）

第五章　基于核心素养的青少年科技教育教学设计 ……………………（ 89 ）
　　第一节　科技教育教学观的重构 …………………………………………（ 89 ）
　　第二节　基于核心素养的科技教育的教学原则 …………………………（101）
　　第三节　基于核心素养的科技教育的教学实施 …………………………（116）

第六章　基于核心素养的青少年科技教育实施 ……………………………（125）
　　第一节　科技教育课程统整的实施载体 …………………………………（125）
　　第二节　课程重构的科技教育实践 ………………………………………（129）
　　第三节　社会资源整合的科技教育实践 …………………………………（137）
　　第四节　"互联网+"的青少年科技教育实践 ……………………………（142）

结语 ……………………………………………………………………………（157）

参考文献 ………………………………………………………………………（160）

第一章　核心素养基本理论

核心素养是我国基础教育改革的新基点，也是今后研究的新重点，是新一轮推进基础教育改革的新亮点。核心素养的提出是社会对教育本质的重新审视，是对教育培养目标的主体素质观的重要更新，是对基础教育素质改革的重要突破。准确定位核心素养，可以让我们更好地思考素质教育改革的教育理念，增强基础教育实践的应用性与操作性，有助于新一轮基础教育改革的顺利推进。基础教育改革的过程也是思考"培养什么样的人"的过程，即关注核心素养的培养，关注学生个性和社会性的统一，准确把握我国基础教育培养的总目标与各年龄阶段目标要求的统一，促进学生核心素养的养成。

第一节　核心素养的概念

一、素养

"素养"一词对公众而言并不陌生。在我国，素养的使用由来已久，古语有言，"马不伏枥，不可以趋道；士不素养，不可以重国"。其意思是马匹没有得到足够的营养，是没有力气在路上奔跑的；人没有足够的能力，是没办法使国家强盛的。[1]这句话中将素养解释为人之能力。陆游在《上殿札子》指出："气不素养，临事惶遽。"他将素养视为人内在的品质修养。[2]从广义上讲，素养是个体在某种实践活动中，所习得或养成的一种道德修养。具体而言，素养包括道德品质、外表形象、知识涵养、认知水平与能力等方面。随着时代发展和科技知识的频繁更新,有关素养的外延也随之得到拓展和扩充,其包含思想政治素养、文化素养、专业知识素养、身心素养等。

在西方语境中,素养被认为是一种囊括知识领悟、认知技能、情感态度、意志品质在内的复杂概念体系。素养的形成旨在为个体追求完满的生活和适应未来社会生存情境做充足的准备,并能够适应不断变化的个体内部和外部环境的需求。经济合作与发展组织(OECD)对"素养"做出了如下定义,即"个体在特定的情境下,能成功地应对情境中的复杂要求与挑战,并且能够顺利地执行生活任务,强调个体在复杂的生活环境之中,如何利用自我的特质、思考、选择及行动,获得成功的生活或优质的生活之理想结果"[3]。

英国著名的专业知识与素养研究专家埃劳特(Eraut)曾经总结过,素养概念的形成主要有三个部分:① 行为主义心理学的传统,它为我们提供了非常详尽的素养行为的清单,但它只聚焦任务分析的技术过程,忽略了素养发展的社会和政治维度;② 素养的发生学取向,旨在结合工作表现的优秀程度确定行为的总体质量,它更聚焦素养行为或表现的选择而非培训或教育的目的;③ 基于素养和表现的认知建构,它起源于认知心理学的传统,旨在区分素养(competence)与表现(performance)。[4]

从国内外对素养的认识来看,无不隐含着教育的意义,素养是个体经由教育形成的,并通过教育实践活动加以外化,又在情境体验中加以升华。一个有素养的个体除了具备满足个体生活需要的知识技能外,还要具有适应社会群体伦理道德,并具有维持社会正常情感运行的世界观和价值观。简言之,即,能力和德行的统一体。这两个方面也是我们教育的内在追求,是一种全面发展的育人理念。这也是素养为何能够作为教育概念被纳入教育研究视野的重要原因。

二、核心素养

"核心素养"这一词汇的提出,受到了社会的追捧和关注,成为当下教育界的热门话题。核心素养是综合的知识、能力、态度等素养,能够满足个人及社会的生活需求,有助于个人成功与负责任地生活,应对现在与将来的生活挑战。核心素养是在对以往的学科知识、基本能力、核心能力等概念进行分析、总结的基础上提出来的,与之前概念相比有更广泛和丰富的教育内涵。核心素养表达的是最终的学习结果,受个体先天遗传因素的影响,但更多的是依靠个人后天努力而获得的知识技能、能力、情感态度,符合教育目标的全面性要求,涵盖了认知、技能、情意三个方面,能较好地纠正以往重知识、轻能力的不均衡状态和情感的偏失,合乎培养"完整的人"的教育理念。

知识经济时代,社会变迁速度快,很多国家和地区都担心对公民的教育不能使他们具备社会生活所需要的核心素养。因此,近年来很多学者都在强调核心素养在公民教育中的重要性,认为核心素养可以提高公民适应社会生活、面对未来挑战的能力,是现代人适应当代生活、应对未来挑战所需要的基本素养,是培养合格社会公民和高素质人才的重要基础。"核心素养"已经成为许多国家和地区教育的核心内容,也出现在许多国家和地区的教育目标的表述中。

(一)核心素养的内涵

1. 国外关于核心素养的探讨

核心素养概念的提出最早始于20世纪90年代,部分国家、地区和组织机构提出了与核心素养相关的概念,但对核心素养的概念至今没有统一的认识。例如,英国在1979年首次提出了职业需要的技术、终身受用的素养概念,主要是为了界定与职业教育相关的关键能力;经济合作与发展组织在1996年实施的De Se Co项目中将素养定义为所有社会成员都应具备的共同素养中那些最关键、必要且具有核心地位的素养,也就是把素养理解为个体在与环境的长期的有效互动的过程中逐渐形成的知识、能力、态度的整合体;2005年,欧盟在其制定的《终身学习核心素养:欧洲参考框架》中明确提出:核心素养是一个人在知识社会中自我实现、社会融入以及就业所需要的素养。[5]从这个定义中可以看出,欧盟的核心素养理念关注学生跨学科、综合性能力的培养,同时也兼顾了传统的基本技能,将学生基本技能的掌握作为核心素养的基础。

21世纪初,多个国家受到多国际组织关于核心素养研究的影响,结合本国国情,对本国学生的核心素养培养情况展开研究,并陆续公布了各自的研究成果,如美国的"21世纪技能"、日本的"21世纪型能力"等,每个国家对核心素养的界定都有其自身的特点。[6]各国对核心素养的界定存在一定的共通之处:创新与创造力、信息素养、国际视野、沟通与交流、团队合作、社会参与及社会贡献、自我规划与管理等素养在各国的核心素养体系中都有一定的体现,虽然表述方式不同,但各个国家和地区对核心素养的界定都体现了当代社会经济与科学技术发展的最新要求。[7]

2. 国内关于核心素养的探讨

2014年,教育部颁发的《关于全面深化课程改革落实立德树人根本任务的意见》中明确提出,"教育部将组织研究提出各学段学生发展核心素养体系,明确学生应具备的适应终身发展和社会发展需要的必备品格和关键能力",这是我国首次在政府机构文件中正式使用"核心素养"这一词语,引起了教育界和各级政府机构的广泛关注。

"核心素养"一词早期被理解为某一学科所要求的核心素养,如陈征帆探讨了城市规范专业对学生要求的核心素养,罗燕芬从政治课教学引领功能的角度针对高中生进行政治学科核心素养培养的实现途径进行了探索等。[8]"核心素养"也在一些高职高专人才培养、大学本科人才培养中被提及,如李晓军在分析技术型本科院校在学生综合素质培养中面临的困境时,提出"强化技术应用型人才的核心素养是高等技术教育改革发展的战略选择",并建议应当以"核心课程"为基础,采取"混合式"教学模式,打造养成学生核心素养的教师团队。[9]这一阶段,关于核心素养的研究主要基于对学科要素的分析,并未对核心素养的培养方式等进行论述。

北京师范大学发展心理研究所辛涛教授等人对核心素养的内涵和我国核心素养制定的原则等问题较早进行探索。他们从建立教育质量标准的需求出发,提出了"学生的核心素养应该是涉及学生知识、技能、情感态度价值观等多方面能力的要求,是个体能够适应未来社会、促进终身学习、实现全面发展的基本保障"。

在他们的研究中,从我国的基础教育目标的演变出发,提出了核心素养的三个价值定位,基于经济合作与发展组织提出的以"人与工具、人与自己、人与社会"的框架,结合对世界各个组织和国家提出的核心素养框架的分析,提出了我国基础教育阶段核心素养体系构建的建议。[10]

综合来看,国内外已有的关于核心素养的概念内涵认识已经有了一定的理论基础。在核心素养的概念内涵研究方面,主要考虑了不同学科对核心素养的要求,考虑了社会经济发展的现实要求,考虑了我国基础教育改革的实际情况;在核心素养概念内涵的性质方面,基本认同核心素养是一个多维度、多层次、多动态发展的概念;在核心素养的内涵范畴方面,认为核心素养是包含认知、能力、情感态度等在内的综合素质,是个体终身发展和适应社会需求所必备的素质和关键能力;在核心素养的重要性方面,认为核心素养为个体的全面发展、终身发展奠定了基础,为个体的学习生活、未来的工作提供了素质前提。

(二)核心素养的本质定位

正确理解核心素养的概念和本质是深化基础教育课程改革的前提。以往对素养和关键能力的研究,基本都聚焦于个体在适应社会生活中的某种观念或者能力。核心素养在此基础上更加强调的是一种跨学科的综合能力,它是在终身学习理念和知识信息时代发展要求的基础上提出的一种理念构想。从本质上来看,其具有通用性、可迁移性;从学科的角度来看,核心素养所涉及的领域广泛,既包括认知领域、交际领域、自我认识领域、信息技术领域等,又包括有效地将与个体发展相关的社会和文化因素融合在一起。因此,在核心素养的教育实践中,要注意将正式教育和非正式教育结合起来,既要关注教育的一般要求,还要关注学习者的个体差异、文化背景、主观意识等,准确地理解核心素养与关键能力、基础素养与学科教学目标等的关系。

1. 在教育哲学观上,核心素养是教育本体论的转向

在人类进入21世纪之际,原有的教育理论似乎进入了"失灵"的状态。信息化的发展使人类进入了"知识爆炸"的时代。这意味着,按照以前基于"学科结构"或"做中学"等教育理论的课程发展观念已经落伍,无论怎么学,知识也学不完,甚至刚学完知识就已经过时了,技能刚学会已经被淘汰了。同时,人工智能自我学习能力的发展已对人类的认知能力构成新的挑战。此时,人类必须思考到底该用什么新的理论引领我们的学习和教育。这成为了人类教育面临的时代性问题。[11]

核心素养就是在这样的背景下被提出的,它是为解决这些具有时代性的教育实践问题而诞生的育人新体系。核心素养提出的本质是教育哲学的本体性回归,即由现代教育的知识本位的教育哲学观,回归到基于人(儿童)本位的教育本体论。既然知识无法被学完,那么我们就要转变视角,从谁来学的角度思考教育问题,就是让教育的本体再次回归到学习者,回归到人,回归到教育的真正本体,回归到人的需要。[12]世界经济合作发展组织从教育本体的视角出发,确定了"素养"这一概念,素养是个体在遗传素质的基础上,通过后天学习形成的能力和品格。素养的形成需要漫长的过程,贯穿于个人发展的全过程。因此,在有限的学习阶段,不可能培养、发展个人的全部素养,只能有选择地对最核心的素养进行有针对性的、持续性的培养,从而提高个体学习生活、社会生产、个人发展等所需要的基本的素养和关键能力,再通过核心素养去影响其他素养的发展。因此,核心素养是指最本质的、最关键的基础性素养,是个体适应社会生产生活、开展社会交往、终身发展的最基础性的素养,是个体认知、能力、情感态度的综合素养。

2. 在教育目标上,核心素养是人的全面发展目标的具体化

开展核心素养教育是为了推进全面发展教育和素质教育。具体来说,核心素养的提出是为了全面发展的细化、具体化和转化,为了引导教育教学评价从单纯考查学生的基本知识和基本技能转向考查学生的综合素质。[13]从这一角度出发,核心素养与综合素质之间的关系是一般和具体的关系,个体的全面发展也就是指人的素养的全面发展,综合素质也就等同于综合素养。

人的全面发展理论是建构学生核心素养框架的逻辑起点。学生核心素养作为学校课程育人的终极目标,能够体现以学生为本,重视学生的全面发展、自主发展和终身发展。我国学生核心素养基于完整的人的培养理念,重视塑造学生的健全人格,重视学生价值观的养成,体现了社会主义核心价值观的理念。[14]学生的核心素养既体现了学生个体发展的需求,也兼顾了社会发展和国家发展对人才培养的要求,强调学生个人发展与社会参与、家国人文情怀的统一,有助于学生终身学习理念和良好的社会行为价值观的形成。学生的核心素养具有发展性和迁移性,可以广泛地应用于未来社会生活的方方面面,这也要求在学生核心素养的培养过程中,要有意识地促进学生的持续发展能力,将核心素养的教育过程融会贯通到个体整个生命的发展过程中。

3. 在教育内容上,核心素养是关键知识和综合知识的统一

从根本上来说,核心素养并非全面素养,而是关键素养。核心素养指的不是所有的知识素养点,而是从全部素养清单中选择出来的最基本的、最基础的、最关键的素养,除了核心素养之外,其他的都称为非核心素养。核心素养与素质教育、全面发展、综合素质、三维目标等概念的内涵有一定的联系。首先,核心素养是素质教育、三维目标、全面发展、综合素质包含的所有素养中关键的、基础性的素养,是在素养清单中选择出的人类社会生活中的必备、优先的素养;其次,核心素养强调素养的基础性和关键性,是素质教育、全面发展、综合素质、三维目标中具有共通性的素养,是学生完善自我、适应社会生活、承担社会角色应具备的关键性素养。在教育过程中,不应只强调教育内容的全面性、均衡性,而应该重点培养核心的、基础性的、关键性的素养。基础性作为个体核心素养的重要特征,说明核心素养是个体适应社会生活和发展的普遍性的、一般性的素养,是在每个学科的学习中都很重要的、发挥引领作用的素养。

虽然学生核心素养具有共同性、关键性,但是过分强调关键性而忽略普遍性,将核心素养的培养与基础的知识技能培养区分、割裂开来,不利于学生综合素养的培养,不利于学生的全面发展。核心素养虽然是关键素养,但是它跟其他素养是整体和部分的关系,脱离了其他素养的核心素养培养也是单薄的、片面的,因此在核心素养的界定和培养过程中也要强调核心素养要与其他素养相辅相成,其他素养的培养是核心素养培养的基础和前提。

4. 在教育实施上,核心素养更关注个体情境与跨学科知识的统整

核心素养是一种综合素养,它不受某一门学科的限制,大多数核心素养是各领域、各学科通用的素养,它具有跨学科性、可迁移性等特点。基础教育阶段的学生核心素养具有整合性,是认知、能力、情感态度的综合体,重视学生综合能力的培养,同样具有跨学科性和可迁移性等特点。学生核心素养的重要目标是促进学生的能力的发展,这也与我国现在的基础教育课程改革中强调从知识学习转向知识内化与应用能力的要求相符合,因此我国现阶段进行的基础教育阶段课程改革也可以说是围绕核心素养培养的深度改革过程。

跨学科性是核心素养的基本特性,从这一特性出发,要求课程改革中应注重整合各学科课程,发挥课程合力,共同培育。传统的学科课程体系是根据学习的知识内容和结构,结合现实生活中的知识概念,并考虑学生的心理发展和学习特点而进行编排的,教学实践也是根据学科知识逻辑组织和展开的,不符合学生核心素养跨学科、综合性的特点要求。因此,学生核心素养的培养目标要求课程的实施具有系统性和整合性,需要对原有的学科课程进行广泛、全面、有深度的整合。

三、核心素养与素质教育

提及核心素养,人的脑海中会自然而然地浮现出"素质教育"一词。传统的理解基本上将素质与素养当做同义的概念,只不过"素质"的原始含义是指先天性、生理性的基质。但在我国20世纪80年代中期以来形成的"素质教育"概念中,素质的含义被扩展为泛指人基于先天生理基础,通过后天努力和环境影响而形成的身心特质。[15]"素质教育"这个概念,自20世纪80年代中期提出至今已有近30年,尤其是随着第八次课程改革的实施,它已经深深地刻在每一位教育工作者的心中,成为了指导教育工作的中心思想。然而在30年后的今天,为何又提出了"核心素养"这一概念呢?核心素养与素质教育有何异同,核心素养是否应取代素质教育,这一系列问题都必须在核心素养培育政策落地前加以澄清。要厘清这一问题,必须清楚地了解素质教育和核心素养这两个概念的来源,需要清楚地认识两者深层次的区别和内在的逻辑关联。

(一)在产生背景上,素质教育和核心素养的现实依据不同

从素质教育的发展过程,我们可以发现,素质教育的产生是我国教育发展的时代需要决定的。一是素质教育的提出是国家实施科教兴国发展战略的需要。社会发展要靠经济,经济发展要靠科技,科技发展要靠教育,教育要通过提高国民素质来满足全球科技竞争和国家经济社会发展的需要。[13]二是素质教育的提出是克服应试教育弊端的需要。鉴于长期以来学校系统重知识、轻技能的传统教育模式和僵化的考试选拔机制造成了我国学校教育,尤其是基础教育发展的机械与被动,如中学教育在高考指挥棒的作用下逐渐陷入应试教育的"泥潭",给学生思想与思维的发展戴上了沉重的枷锁,削弱了学生学习的热情和动力,扼杀了他们的创造性,也使得教育迷失了方向,逐渐失去了教育的本真和灵魂。为了改变教育被动的窘境,教育界开始广泛探讨与"素质"相关的教育话题,提出了将中、小学由"升学教育"转到以提高素质为核心的基础教育的轨道上来。

我国倡导素质教育改革十多年来,我国基础教育阶段"重分数,轻能力"的应试教育理念仍然大行其道。在处于基础教育改革攻坚期的当下,素质教育陷入了一个只闻口号、难见时效的尴尬境地。素质教育的提出是符合我国基础教育改革要求的,但是因为素质教育中的"素质"具有高度的抽象性,在具体的教育实践中难免出现操作性不强、难以开展具体评价等问题。因为教育活动自身的特殊性,教育效果的显现具有隐蔽性、长期性等特点,并不能够马上展现出素质教育的优越性,也就难以被当前浮躁的社会所认可、倡导。很多人虽然认可素质教育的理念,但真正将素质教育落实到教育实践中的人很少,在实际教育中,也就形成了喊着素质教育,行着应试教育的现状。

面对素质教育实施的现实情境,立足现实,充分考虑社会未来发展的要求,重新思考未来社会的需要,有目的地培养能够满足未来社会需求、促进社会发展的高素质人才。素质教育具有内涵过宽、操作性不强、不易评价等问题,核心素养的提出能够有效解决这一问题。

(二)在继承创新上,核心素养是对素质教育的纵深超越

从根源来看,核心素养作为素质教育的下位概念,是对素质教育内涵的具体阐述和概括。核心素养的提出使得当前素质教育的目标更为清晰,可操作性和指导性逐渐增强,同时对素质教育改革过程中出现的问题进行了反思,不断探寻改进思路。总而言之,核心素养是对素质教育在育人理念、课程改革、教学实施、教育评价的纵深超越。这种超越主要体现在以下几方面:[16]

第一,深化和发展了素质教育改革。包括小学、中学、大学在内,各级各类学校的教育改革从"素质"走向"核心素养"的整体历程都是一脉相承的,都是在素质教育实施框架下的不断深入发展与实践探索。

第二,实现了教育视角的转变。从教育改革的视角来看,各级各类学校教育从"素质"走向"核心素养",开始围绕"学生核心素养建设"进行主题研究与实践探索,体现了以"学生发展"为中心、由注重"培养结果"转向关注"培养过程"的教育视角的变化。这种变革也是深化教育领域综合改革的迫切需求与必然趋势,对于全面推进素质教育具有重要意义。

第三,革新了课程建设理念和人才培养观念。从"素质"到"核心素养"的改革进程,不仅是教育目标的改进,更是课程建设理念与人才培养观念的更新与完善。随着理念的更新,人们期冀通过培养核心素养,不断提升学生的素养品质,塑造学生的人格与品行,"养成学生一生深入血液和骨髓的品格与习惯,使他们以此去获取人生宝贵的精神财富"。

第四,增强了教育发展的人本性。从"素质"到"核心素养",教育的关注点发生了重大变化,从注重结果到关注过程,更加凸显了对人、对生命的关注和关怀,不仅要把教育的关注点放在学生在知识与能力成长方面,也要关注学生的情感体验和身心健康。

第五,增强了学校人才培养目标的实践操作性。从"素质"到"核心素养"的教育变革,不仅涉及培养目标的转型,而且这种转型过程伴随着培养目标由外而内的具体化、深入化,如关于其中的"态度"素养。从学生心理发展角度来看,关注点细化到了学生的动机与价值观取向等方面,关于学生心理发展的衡量标准开始逐渐明晰。

(三) 在教育实践上,核心素养是在素质教育基础上的再深化

回顾我国基础教育改革的过程,我们能看到从素质教育到课程改革,再到深化改革的核心素养培养,这是一个改革不断深入的过程。核心素养的提出是对素质教育的细化、概括。核心素养培养的核心是培养全面发展的人,包括文化基础、自主发展、社会参与三个方面,具体地表现为六大素养:人文底蕴、科学精神、学会学习、健康生活、责任担当、实践创新,又可以细化为人文情怀、审美情趣、理性思维、判断质疑、勇于探究、国家认同的18个基本要点。这些都为素质教育改革的推进找到了立足点,通过逐层分解素质教育的具体内容,不断完善核心素养的内容体系。核心素养的具体落实依赖于素质教育,核心素养的十八个基本要点需要借助素质教育的实施来具体地落实在基层学校,通过课堂内外、师生互动来最终实现。在长期的素质教育改革实践中,我国基础教育阶段的各级各类学校管理部门、教学人员已经开通了很多渠道,尝试了各种方式,探索了多种策略。在核心素养的教育实践中,我们也需要借助素质教育改革的原有基础,以核心素养的提升为目的,指导国家课程的创造性实施,指导学校校本课程的特色化建设,指导学校各类活动的设计,更重要的是改造课堂,深入推进素质教育,全面落实立德树人。

综上,不难看出,核心素养是素质教育的再审视、再认识、再具体化,是素质再出发的起点。核心素养和素质教育绝不是对立的,也绝不存在相互取代的情形。核心素养在基础教育阶段教育实践领域的落地,是对基础教育阶段素质教育改革的深入拓展。核心素养研究的相关成果为我们更好地理解素质教育的内涵提供了新的视角,使我们对素质教育的价值有了更深刻的认识。同时,核心素养研究的相关成果也为素质教育的改革推进提供了新的思路,为素质教育改革在信息时代背景下的深化提供了新的突破点。以素质的可塑性为基点,建立新的学生发展核心素养体系,指导、规范信息时代基础教育阶段的素质教育改革,也成为新世纪推进基础教育阶段素质教育的重要的突破口。我们应该从学生发展的核心素养出发,科学地设计我国基础教育阶段的学校课程体系,精心地选择学校课程内容,综合运

用多种教学方法,推进核心素养体系引领下的教学改革,落实以人为本的基础教育阶段素质教育理念,避免重视学科知识、突出双基培养的短期行为,真正为学生的终身发展奠定基础。同时,应逐步完善从知识向能力、从能力向素养转变的学生发展评价标准,对学生核心素养发展情况进行观察和评估,从而实现对于学校教育教学行为的有效反馈与指导,引导基础教育阶段的学校教育从知识教育、能力教育,走向素养教育。

第二节 核心素养的发展演进

核心素养的改革热潮既是社会变革趋势在教育领域的显现,体现出教育界对时代要求的理解与响应。这一概念自产生到成为主流话语的历程,在某种程度上反映着当代教育改革与研究的基本逻辑和价值取向,影响着我们对于"人"的认识和未来教育发展的可能性,因此,我们有必要对其历史源流进行深入考察。[17]

一、经济合作与发展组织的核心素养架构

1997年,"素养的界定与遴选:理论和概念基础"项目由经济合作与发展组织(OECD)启动,揭开了以21世纪核心素养为导向的国际教育研究和改革序幕。DeSeCo项目旨在建立一个核心素养的总体概念参照框架,为界定和选择核心素养提供扎实的理论基础。DeSeCo项目将核心素养界定为:能够满足高度复杂性需要的能力,包含认知性、动机性、伦理性、社会性因素和行为成分,体现出跨领域性(transversal)、高级心智复杂性(higher order of mental complexity)和多维性(multiple dimensions)特征。具备这些特征且有助于实现成功生活和健全社会的核心素养包括三大类,分别为:互动地使用工具(using tools interactively)、在异质团体中互动(interacting in heterogeneous groups)和自主行动(acting autonomously)。"互动地使用工具"要求在熟悉工具本身的同时理解工具所带来的个体与环境互动方式的变化;"在异质团体中互动"关注个体与他人或共同体的联结关系,要求与他人共同学习、生活和工作;"自主行动"要求建立健全的自我概念以及将自身需要和愿望转化为有目的行动的能力。[18]

二、联合国教科文组织的核心素养架构

联合国教育、科学与文化组织教育研究所出版了《开发宝藏:愿景与策略2002—2007》(2003)一书,提出核心素养"五大支柱"说,具体包括:"学会求知"

(learning to know)、"学会做事"(learning to do)、"学会共处"(learning to live together)、"学会自处"(learning to be)、"学会改变"(learning to change),主张为适应社会不断的变迁,现代人必须具备充分发展阅读、思考、生活与创造能力,学习已经成为现代人持续终身的活动。核心素养的发展也是终身学习的历程,并非仅存于生命的某个阶段,必须从一个人小时候开始培育,而后持续发展到终其一生。[19]

三、欧盟的核心素养架构

2001年3月,欧盟理事会批准成立"教育与培训2010工作项目",其核心是形成欧洲核心素养框架,意为到2010年要建立起适应知识社会所需要的欧洲教育和培训新体系。2006年12月18日,经欧洲议会(European Parliament)和欧洲理事会联合批准,框架名称定为"为了终身学习的核心素养:欧洲参考框架",该框架由此成为欧盟及其成员国建立信息时代教育的纲领性文件,其目的在于开发欧洲知识社会所必需的核心素养,以作为未来教育目标;为欧盟成员国实现核心素养目标提供支持。[22]

欧盟列出了八大核心素养:① 母语交际;② 外语交际;③ 数学素养和基础科技素养;④ 数字素养;⑤ 学会学习;⑥ 社会与公民素养;⑦ 首创精神和创业意识;⑧ 文化意识和表达。针对每一核心素养,欧盟首先给出了清晰的界定,然后从必要知识、技能和态度三方面做出了明确说明。这八大素养同等重要,"因为每一个都会对知识社会的成功人生做出贡献"。其中,许多素养相互重叠、彼此交织。由于这些素养内容均着眼于结果,且与具体学科和生活相联系,对人的具体心智过程和心智能力未予明示,故《欧洲参考框架》的制定者又特别做了如下说明:"有几个主题应用于整个参考框架之中:批判性思维、创造性、首创精神、问题解决、风险评估、采取决策以及建设性管理情绪,它们在八个核心素养中均发挥作用。"这意味着以上所列心智过程和能力作为"暗线"贯穿、渗透于八大核心素养之中。

四、其他西方国家的核心素养架构

美国与"经济合作与发展组织"共同开展"素养的界定与选择"研究,提出沟通与信息处理、规划与管理、系统导向、社会素养与团队合作、公民素养、价值导向、自主行动者等七类核心素养。美国教育部(U. S. Department of Education)及全国教育协会(National Education Association)与著名跨国公司如苹果(Apple)、微软(Microsoft)、戴尔(Dell Computer)等大公司创办了"新世纪技能联盟"(Partnership for 21st Century Skills,简称P21),于2008年发表《二十一世纪技能、教育和竞争力报告》(21st Century Skills, Education, and Competitiveness),规划培育21世纪人才所需的技术能力架构,包括生活与生涯工作技能、学习与创新技能、信息、媒体与科技技能。三类"21世纪技能"的逻辑关系是:运用"21世纪工具"(21st century tools)培养学习技能与生活技能;学习技能侧重认知性素养,生活技能侧重非认知性素养,二者相互促进、相得益彰。由于"技术已经并将继续成为21世纪工作场所、社区发展和个人生活的驱动力量",明智、负责任并创造性地选择和使用技术成为21世纪公民的基本素养,因此学生应注重发展信息素养、媒介素养和信息通信技术素养。由于创造、创新和创业已经成为21世纪知识社会的主旋律,学生需要锻炼学习和创新技能。由于全球化和信息通信技术的发展,个人生活、社会生活、文化生活、职业世界的多样性、复杂性、异质性和相互依赖性空前加剧,成功人生和健全社会要求学生必须具备生活和生涯技能。

英国"国定课程"的"核心素养"是指普通的、可移动的、对未来生活起关键作用的素养,是完成一项任务时不可或缺的重要素养,可适应社会情境变化,包括知识能力及态度情意等人格特质。英国证书与课程署指出"核心素养"包括沟通、数字应用、信息技术、与他人合作、学习和业绩的自我提升、解决问题等能力。前三项是英国国家职业资格课程必修的核心素养,后三项是广泛的一般素养,对个人要求相对较低。虽然这些未必涵盖所有素养,但已列出未来生活中所需具备的素养,作为课程改革的参考,大学毕业生则应具备学习能力、工作独立性、书写沟通技巧、团队工作能力、压力下工作的能力、正确专注细节的能力、口语沟通能力、解决问题的能力、集中力、原创力、适应力及容忍力。

德国配合"经济合作与发展组织"所开展的"素养的界定与选择"研究计划,将素养分为基础素养以及进阶的核心素养。基础素养包括理解知识、应用知识、学习素养、使用工具的素养、社会素养、价值导向;进阶的核心素养包括因特网素养、元认知与元知识、沟通素养、媒体素养、经济素养、文化素养、跨文化素养、情绪智慧、动机等核心素养。[21]

第三节 我国学生发展核心素养

2014年3月,"核心素养"一词首次出现在我国国家文件中。在教育部印发的《关于全面深化课程改革落实立德树人根本任务的意见》中,"核心素养"被置于深化课程改革、落实立德树人目标的基础地位。

一、我国学生核心素养体系的产生背景与价值定位

党的十八大和十八届三中全会提出要把立德树人的要求落到实处。2014年，教育部印发《关于全面深化课程改革落实立德树人根本任务的意见》，提出"教育部将组织研究提出各学段学生发展核心素养体系，明确学生应具备的适应终身发展和社会发展需要的必备品格和关键能力"。

我国提出自己的学生核心素养体系也是受我国基础教育发展的实际需求、世界各国的发展趋势等的影响，推动其产生的因素主要有以下几方面：

第一，建立我国学生核心素养体系是党和国家的教育方针，落实立德树人这一根本任务的迫切需要。我国的教育方针在宏观层面规定了教育的培养目标，通过学生核心素养体系的制定对党和国家的教育方针进行细化、具体化，更有利于在具体的教育教学活动中贯彻落实我国的教育方针。

第二，建立我国学生核心素养体系是适应世界教育改革趋势，提升我国教育的国际竞争力的迫切需要。世界经济的发展速度增快，经济全球化、文化多样化、社会信息化等的发展都对教育提出了更高的要求，关于核心素养的研究在教育改革的潮流中成为了各国关注的要点。我国要实施人才强国的战略，就需要紧跟这一教育改革的潮流，建立自己的核心素养体系，从而提升教育的国际竞争力。

第三，建立我国学生核心素养体系是我国全面推进素质教育，深化教育领域综合改革的迫切需要。我国素质教育改革推行至今，虽然取得了一定的成效，但在很多方面仍然较为薄弱，如课程的系统性问题、教材的适宜性问题、学生社会责任感培养问题、学生的创新能力培养问题等。建立我国学生核心素养体系能够有效地推动素质教育改革中的课程体系和评价标准的变革，有助于进一步丰富素质教育的内涵，树立科学的教育评价观，引领素质教育的深层次的课程改革和育人模式改革。

二、中国学生核心素养体系总体框架和具体指标

我国核心素养研究课题组在2016年公布的《中国学生发展核心素养》中提出：中国学生发展核心素养以培养"全面发展的人"为核心，分为文化基础、自主发展、社会参与三个方面，综合表现为人文底蕴、科学精神、学会学习、健康生活、责任担当、实践创新等六大素养，具体细化为国家认同等18个基本要点（见表1.1）。各素养之间相互联系、互相补充、相互促进，在不同情境中共同发挥作用。[22]

表1.1　我国学生发展核心素养

核心素养		基本要点	主要表现
文化基础[27]	人文底蕴	人文积淀	具有古今中外人文领域基本知识和成果的积累，能理解和掌握人文思想中所蕴含的认识方法和实践方法等[28]
		人文情怀	具有以人为本的意识，尊重、维护人的尊严和价值，能关切人的生存、发展和幸福等
		审美情趣	具有艺术知识、技能与方法的积累；能理解和尊重文化艺术的多样性；具有发现、感知、欣赏、评价美的意识和基本能力；具有健康的审美价值取向；具有艺术表达和创意表现的兴趣和意识，能在生活中拓展和升华美等
	科学精神	理性思维	崇尚真知，能理解和掌握基本的科学原理和方法；尊重事实和证据，有实证意识和严谨的求知态度；逻辑清晰，能运用科学的思维方式认识事物、解决问题、指导行为等
		批判思维	具有问题意识，能独立思考、独立判断，思维缜密，能多角度、辩证地分析问题，做出选择和决定等
		勇于探究	具有好奇心和想象力；能不畏困难，有坚持不懈的探索精神；能大胆尝试，积极寻求有效的问题解决方法等
自主发展	学会学习	乐学善学	能正确认识和理解学习的价值，具有积极的学习态度和浓厚的学习兴趣；能养成良好的学习习惯，掌握适合自身的学习方法；能自主学习，具有终身学习的意识和能力等
		勤于反思	具有对自己的学习状态进行审视的意识和习惯，善于总结经验；能够根据不同情境和自身实际，选择或调整学习策略和方法等
		信息意识	能自觉、有效地获取、评估、鉴别、使用信息；具有数字化生存能力，主动适应"互联网+"等社会信息化发展趋势；具有网络伦理道德与信息安全意识等
	健康生活	珍爱生命	理解生命意义和人生价值，具备安全意识与自我保护能力，掌握适合自身的运动方法和技能，养成健康文明的行为习惯和生活方式等
		健全人格	具有健康的心理品质，自信自爱、坚韧乐观；有自制力，能调节和管理自己的情绪，具有抗挫折能力等
		自我管理	能正确认识与评估自我，依据自身个性和潜质选择适合的发展方向；合理分配和使用时间与精力；具有实现目标的持续行动力等

续表

核心素养	基本要点	主要表现
社会参与	社会责任	自尊自律，文明礼貌，诚信友善，宽和待人；孝亲敬长，有感恩之心；热心公益和志愿服务，敬业奉献，具有团队意识和互助精神；能主动作为、履职尽责，对自我和他人负责；能明辨是非，具有规则与法治意识，积极履行公民义务，理性行使公民权利；崇尚自由平等，能维护社会公平正义；热爱并尊重自然，具有绿色生活方式和可持续发展理念及行动等
	国家认同	具有国家意识，了解国情历史，认同国民身份，能自觉捍卫国家主权、尊严和利益；具有文化自信，尊重中华民族的优秀文明成果，能传播弘扬中华优秀传统文化和社会主义先进文化；了解中国共产党的历史和光荣传统，具有热爱党、拥护党的意识和行动；理解、接受并自觉践行社会主义核心价值观，具有中国特色社会主义共同理想，有为实现中华民族伟大复兴中国梦而不懈奋斗的信念和行动
	国际理解	具有全球意识和开放的心态，了解人类文明进程和世界发展动态；能尊重世界多元文化的多样性和差异性，积极参与跨文化交流；关注人类面临的全球性挑战，理解人类命运共同体的内涵与价值等
	劳动意识	尊重劳动，具有积极的劳动态度和良好的劳动习惯；具有动手操作能力，掌握一定的劳动技能；在主动参加的家务劳动、生产劳动、公益活动和社会实践中，具有改进和创新劳动方式，提高劳动效率的意识；具有通过诚实合法的劳动创造成功生活的意识等
	问题解决	善于发现和提出问题，有解决问题的兴趣和热情；能依据特定情境和具体条件，选择制定合理的解决方案；具有在复杂环境中行动的能力等
	技术应用	理解技术与人类文明的有机联系，具有学习掌握技术的兴趣和意愿；具有工程思维，能将创意和方案转化为有形物品或对已有物品进行改进与优化等

注：责任担当包含社会责任、国家认同、国际理解；实践创新包含劳动意识、问题解决、技术应用。

资料来源：核心素养研究课题组.中国学生发展核心素养[J].中国教育学刊,2016(10):1-3.

三、功能定位

核心素养的提出对于我国的基础教育改革具有重要的指导意义,其功能定位主要体现在以下几个方面:

一是指导基础教育课程改革。培养学生的核心素养是基础教育阶段课程设计的依据和出发点。课程是体现课程理念、实现教育目标、融合教育内容的主要载体,是学校开展教育教学活动的主要依据。我国从2001年开始新一轮的课程改革,从以往强调基础知识、基础能力的"双基目标"转变为"三维目标",强调学生认知、能力、情感态度方面综合素质的培养,当前的教育改革提倡"核心素养",是对之前基础教育改革的深化。"核心素养"与"双基目标""三维目标"之间有着密切的联系,"双基目标"是外在的,主要是从学科的视角来表达课程与教学的内容和要求,"三维目标"关注的是由外在走向内在的中间环节,而素养则是内在的,是从人的视角来界定课程与教学内容和要求的。[23]从强调双基目标到三维目标,进而到核心素养,课程理念的变化体现了以学科为本位的课程观向以人为本的课程观的转变。

二是指导基础教育阶段教育教学实践。核心素养的提出有助于基础教育阶段课程标准的修改和完善。课程标准是针对课程目标、实施要求、考核评价等方面的规定,以往我国的基础教育阶段的课程标准主要是以学科知识体系为主的、对各学段教学内容的规定,是基于学生在学业水平测试中的实际表现而制定的评价和考核标准,无法全面体现学科课程核心能力的表现水平。原有的课程标准很难满足目前对人才培养的要求,因此在核心素养理念指导下的课程标准修订应考虑以下几个方面的因素:首先,课程标准的制定应该以培养学生核心素养作为首要目标。我国现行的基础教育阶段课程标准主要是依据学科自身的知识结构和知识体系来制定的,课程目标聚焦于学生对于学科自身的基础知识和知识结构的掌握,课程内容和实施要求方面更贴近学科知识传授的要求,对于如何培养学生的能力考虑较少。其次,完善课程的评价标准。原有课程标准对课程的目标和内容进行了详细的阐述。而关于课程实施之后如何评价学生的学习结果,仅仅体现在课程评价建议的部分,笼统地进行阐述,缺少操作性和针对性的可行性评价标准,对于学生完成具体学科学习后的结果没有明确、具体的要求。在修订课程标准的过程中,需要对此部分进行完善,制定学业质量标准,为课程实施的评价提供明确的依据,从而更好地指导课程的实施和评价工作。再次,课程实施要求的具体化。现有的基础教育阶段的课程标准中对课程实施评价阐述也是笼统的、抽象的,并不能体现不同学科的要求,也没有对如何培养学生相应的能力提出实施建议。在课程标准的修订过程中,课程实施部分应该更多地考虑不同学科的特点、学科能力培养目标、学生核心素养的养成等因素,对于课程的具体实施提出合理的、有针对性的、具体的建议,也可以考虑结合相关案例进行分析。

　　三是指导基础教育阶段教育评价。发展学生核心素养是检验和评价教学水平、学习结果乃至教育质量的主要依据。在核心素养的引领下,学校的课程体系建设以及教学评价方向都将发生转变:更为关注教育过程的思想性,强调立德树人;更加关注学生学科素养的培养,在使其掌握学科知识的基础上,提升学生的核心素养和学科素养的水平;更加注重评价的过程性,关注学生学习过程的评价,关注学生的学习体验,关注教师对教学过程和教学方法运用过程的反思等;更加注重评价的整合性,从关注单一学科学习效果的评价转为关注学生多学科能力的综合评价;在重视教学共性要求的同时,加强因材施教,因教情和学情进行教学设计;在强调用教材教的同时,更加强调教学资源的开发与利用。这些都将为学校开展课程与教学评价提供新的思路和参考。

第二章　青少年科技教育概述

当前,科技教育应以提高学生科技素养为主旨是发达国家的成功经验之一,并已成为21世纪基础教育的时代特征之一。1985年,美国科学促进会发起并组织实施以彻底改革美国基础科学教育状况为目标的"2061计划",开启了美国新的科技教育改革的大门,带动世界各国的科技教育陆续进入一个新的历史时期。新时期建构主义理论、科学本质和科学探究的研究成果不仅对科技教育政策的制定起到指导作用,也为科技教育的实践与改革提供了新的思路。随着核心素养观念在学科课程中的不断渗透,其对科技教育课程和教育活动开展的指导作用愈加深刻。

第一节　青少年科技教育的内涵

科技教育的内涵随着科学在社会经济发展中的地位提升以及人们对科学技术的认知水平和理解水平的深化而不断得到拓展延伸。传统的科技教育往往把科学知识与技能作为主要内容,注重科学知识体系的学习。随着科技在人类社会中地位的发展和变化,人们对科技教育的认识也在发生变化。目前,人们普遍将科技教育理解为:科技教育是一种通过对现代科技知识及其社会价值进行教学,以提高全民科学素养为目的的教育活动。[24]科技教育的实施有助于学生对于科学概念和技能的掌握,有助于学生科学方法的学习,激发学生对于科学的热爱之情,使之形成科学的态度与价值观,还可以使学生理解"科学-技术-社会"之间的关系,最终懂得在面对现实中的有关问题时如何做出正确的选择。

一、科技教育的多重解读

人们对于科技教育的理解容易受时代背景、研究角度、学科基础等因素的影响,从而产生不同的认识和见解。例如,有些人认为科技教育是指传授科学技术知识和培养科学技术人才的社会活动;有些人认为科技教育是关注科学技术时代的现代人所必需的科学素养的一种养成教育,是将科学知识、科学思想、科学方法、科学精神作为整体的体系科学使其内化成为受教育者的信念和行为的教育过程,从而使科学态度与每个公民的日常生活息息相关,让科学精神和人文精神在现代文明中交融贯通。

从科技教育的实施范围来看,科技教育可以分为广义和狭义两个层面。狭义的科学教育是指学校科学教育,通常以课程的形式进行。广义的科技教育是指人类科学技术传承过程中的一切活动,既包括学校科技教育,又包括校外的科技教育(如科学传播、科学普及等),是培养全体国民的科学知识态度、方法与精神的过程或活动。[25]

通过对以往科技教育研究的回顾,综合来看,对科技教育的理解主要分为以下几种:

一是科技教育是科学教育和技术教育的"综合体"。科技教育中既有科学教育的成分,也有技术教育的成分,是科学教育与技术教育的有机统一。在科技教育过程中既向学生传授科学技术基础知识和方法,也培养他们用所学到的科学技术知识去解决和处理日常生活中实际问题的能力。这样,可以使学生在掌握科学知识和方法的基础上,注重实际运用和理论联系实际,为他们今后的发展奠定基础。

二是科技教育是以科学技术知识为基础,以提高学生的科学素质为目的的系统教育活动。科技教育是用以培养科学技术人才的,是在基础教育阶段对中小学生施以不同层次、不同内容、适用范围广泛、关于现代化科技知识和方法的教育,其目的是提高中小学生的科技素质,为他们今后的工作和生活打下坚实的基础。

三是科技教育是以科学、技术、社会教育理论为依据的,在科学教育、社会教育、技术教育、人义教育和青少年科技指导等五个方面全面提高中小学生科技素质的教育活动。[26]

二、科技教育的基本功能

加强青少年科技教育工作,是提高青少年科学文化素质、建设创新型国家和加快社会主义现代化建设的迫切要求,是实施科教兴国战略、人才强国战略和建设创新型国家的基础性工程。

(一)科技教育是科教兴国战略的应有之义

当今世界科学新发现和技术创新成果如雨后春笋般不断地涌现,各种科技产品更新换代的时间周期不断缩短,科学技术无时无刻不影响着个体生活,无时无刻不印证着科学技术是第一生产力。科学技术不断推动着生产力的发展、经济的繁荣和社会的进步,促进着人们生产方式、生活方式、思维方式的变革,推动着一个国家的兴旺发达。[27]要想保持科学技术对生产力的推动力,必须重视科技教育的推进。美国是当今世界头号科技强国和综合实力强国,一直都十分重视发展科技教育。美国于1958年颁布了《国防教育法案》,将自然科学确立为三门基础核心课程之一,从此奠定了科学教育的地位。美国在发展科技教育的过程中,长期组织大量的科学家、科学教育专家和科学教师为提升科技教育的水平而共同努力。除了全体学生的科学素养水平,美国还十分重视创新人才的培养。大量的科技特色高中都设有独立研究课程,学生可通过独立研究课程的学习,完成独立的研究项目,提升创新能力和独立开展科学研究的能力。2013年,在时任美国总统奥巴马的主导下,美国提出STEM教育战略,旨在加强美国STEM领域人才的培养和储备,保持美国的国际竞争力和优势地位。

毫无疑问,科技教育在日趋激烈的国际竞争中具有重要的战略意义。世界各国都认识到了这一点,相继开展科技教育课程改革,推进科技教育发展,提升公众科学素质水平。英国政府每隔3—5年,就对科技教育课程标准进行修订和调整。澳大利亚教育协会则提出了科技教育课程的优先行动计划。1988年,英国为义务教育阶段学生开设的国家统一课程中,数学、英语、科学并列成为核心课程,其他课程则被列为基础课程。在德国,科学与语文、数学为小学阶段的三门核心课程,从小学一年级起就开设,而且其课程内容非常广泛,涉及地理、社会、经济、生物和自然科学等。由此可见各国政府对中小学科学教育的重视程度。尽管各个国家的课程标准在具体表述和实施上各具特色,但他们都把科技教育贯穿于基础教育阶段,从而确保了科技教育的连续性和一贯性。

科技兴则民族兴,科技强则国家强。党的十八大以来,习近平总书记高度重视科技创新,把创新摆在国家发展全局的核心位置。[28]党的十九大报告明确提出,坚定实施科教兴国战略、人才强国战略。习近平总书记在中国科学院第十九次院士大会、中国工程院第十四次院士大会上强调,中国要强盛、要复兴,就一定要大力发展科学技术,努力成为世界主要科学中心和创新高地,科学技术从来没有像今天这样深刻地影响着国家前途命运,从来没有像今天这样深刻地影响着人民生活福祉。[29]

科学是国家发展和社会进步的原动力。国家要发展，要强大，核心是自主创新。习近平总书记多次提到科技创新的重要性，指出核心技术是国之重器。技术研发的基础是科学发展，核心是人才培养。党的十九大报告指出，我国要加快建设创新型国家，要瞄准科技前沿，强化基础研究，实现前瞻性基础研究、引领性原创成果的重大突破。[30]党的十九大报告还提出，培养造就一大批具有国际水平的战略科技人才、科技领军人才、青年科技人才和高水平创新团队。我国在进行科技战略布局时充分考虑到了人才培养的重要位置。国家要有更好的发展，就需要大批的科技精英和高水平的创新人才，同时也需要数以亿计的高素质劳动者和数以千万计的能工巧匠。而这一切都需要科技教育贯穿于从幼儿园到小学、中学甚至大学的全阶段，让学习者学会探索自然的方法、培养其正确的科学态度，培养创新精神和实践能力。培育深厚的人才土壤，孕育出大批的高水平的科技人才，提升国家的竞争力，这是科技教育在国家战略中的重要意义，更是科技教育的重要使命。

（二）科技教育是提升公民科学素养的关键推动力

科学技术的迅猛发展，对生活在这个时代里的每一位公民的科学素养水平提出了新的更高的要求。一个公民唯有达到一定的科学素养水平，才能适应科技带来的变化，也才能通过外显的创造力推进科技发展。21世纪，没有科学知识、科学素质就难以成为一个合格的公民，也很难获得较好的职业前景和发展。在这个知识经济的时代，世界范围的经济竞争、政治竞争以及综合国力竞争归根到底是拥有知识的人才的竞争。越来越多的国家把加强人力资源开发、提高公众的科学文化素养作为赢得21世纪国际竞争的关键措施。

全民科学素养的提高对社会的发展起着巨大的推动作用。它能使公众提高审美情趣，增强道德观念，选择理性的生活方式，一个缺乏科学素养的民族是不可能在公共或个人问题上做出明智的决策的。一个民族整体科学素养的有无与高低往往决定了由其所组成的社会的质量，不仅包括科技方面的、经济方面的，也包括民主政治方面的；同时，科学素养也是个人素质的重要组成部分。科学素养的提高可以增加公民的就业机会；可以使他们充满信心地面对飞速发展的技术所提出的新要求；可以使他们识破形形色色的迷信和伪科学现象，并给予有力抵制；可以使他们对某些影响个人生活或经济的问题做出更合理的决定，如饮食、医疗、安全、能源使用、环境保护等问题。此外，科学素养的提高还能使他们拥有对世界中广泛存在的科学概念的美和智慧的鉴赏能力。[31]

科学素养要求人们对自然世界、人造世界以及一些科学概念的理解拥有持久的兴趣；要求人们理解科学知识是怎样产生、被检验以及被运用的。它需要人们对科学是怎样影响社会发展保持持续的观察和理解。美国颁布的《国家科学教育标准》中指出,终身的科学素养始于幼年时期建立并形成的理解力、态度以及价值观,要给所有的学生提供使自己成为具有良好科学素养的人的机会和条件,而培养科学素养的重要途径便是科技教育。

当然,对我国而言,目前我国公民科学素养的现实水平和与发达国家存在的差距,更进一步增加了实施科技教育的紧迫性和必要性。2016年12月,我国发布《全民科学素质行动计划纲要实施方案(2016—2020年)》,从中可以了解到目前我国公民科学素质水平与发达国家相比仍有较大差距且全民科学素质水平不平衡,尚不能满足全面建成小康社会和建设创新型国家的需要。[32]2009年11月—2010年5月,由中国科普研究所组织实施的第八次中国公民科学素养调查工作,涉及内陆(不含港澳台地区)31个省、自治区、直辖市的18—69岁公民,回收有效问卷近7万份。经综合测算,我国具备基本科学素养的公民比例达到了3.27%。其中了解必要的科学知识的公民比例为14.67%,掌握基本的科学方法的公民比例为9.75%,崇尚科学精神的公民比例为64.94%。[33]

青少年作为祖国和民族未来科技创新的希望,科学素养是青少年全面发展的核心素养之一。国务院在颁布的《"十三五"国家科技创新规划》中指出,要以增强科学兴趣、创新意识和学习实践能力为主,完善基础教育阶段的科学教育。拓宽校外青少年科技教育渠道,鼓励青少年广泛参加科技活动。加强对青少年学生的科技创新教育,提高青少年的科学素质,对于提高我国的自主创新能力、建设创新型国家具有十分重要的意义。

第二节 青少年科技教育的目标体系

科学技术的发展是科技教育的基础,为科技教育开展提供了基本的素材。科技教育和科学技术的发展是相伴而生的一个有机整体。如今科学技术的迅猛发展为教育发展提供了技术支撑,这种支撑不仅体现在教育教学技术手段的更新和变革,还体现在科技教育目标的革新。为适应科学技术发展对于人才培养和公民素质的新要求,科技教育的目标发生了结构性的变化。就当前科技教育目标的发展而言,科技教育发展大致经历了知识本位目标、能力方法本位目标、人本主义目标三个阶段。进入21世纪后,随着科技发展尤其是互联网背景下高新技术产业的崛起,科学技术对教育理念产生了极大影响,科技教育目标逐渐由对技术应用的关注向对个体发展的关注转变。科学教育从单纯追求科学知识的获得这一单一目标发展成为对科学知识、科学意识、科学精神、科学态度、科学价值、科学方法等追求的立体化目标体系。不同时期对于科技教育目标的定位体现出青少年科技教育目标体系的变化。

美国将科技教育目标确定为:通过对自然事物的感知、了解和学习获得满足感和兴奋感;能够使用并合乎情境地将所学的科学方法和原理知识运用到个人事务决策之中;对于社会中和发生在身边的各类有关科学技术的热点问题或话题能够进行理性的分析和思考,并能够向他人充分表达自己的认识和观点;能够提升受教育者自身的科学素养,这表现在对科学知识的掌握、理解、更新、使用等方面;重视培养学生运用科学价值观和方法对社会问题进行判断、决策和予以解决的能力。英国的科学和技术课程的目标涉及多方面领域,如科学探究能力、认知生命能力、物质认识能力等。英国的技术课程目标强调技术以及科学、技术与社会三者的互动关系,重视对重要科学概念的理解和应用,强调科学调查能力的培养。科学调查能力是一个综合性的能力集合,包括问题提出能力、结果预测假设能力、实验验证能力、结果分析能力、科学评价能力等。与此同时,英国的科技教育还重视以科技教育促进学生精神、道德、社会、文化等方面的发展以及科学技能的培养。澳大利亚对于科学技术教育课程目标规定较为细化,分别从科技知识获取、技能获得、科技精神养成等方面进行了规定,不同的方面里还设有多个子目标。科技知识获取目标,要求获得社会生产生活中各种科技知识,如生物、物理、化学、自然等。技能是指能够探索和研究自然现象和人造环境,设计与制作相应产品,创造满足需要的外在环境,评价及选择适用一定范围的技术能力。人们依据自身的愿望和需要,选择使用的技术。

综合分析美国、英国、澳大利亚三个国家有关科技教育目标的基本要素和核心要点,可以发现,三个国家在科技教育目标上既有差异,又有一些相同之处。例如,三国都重视科学知识的学习,关注科学技能、科学态度、科学思维等的培养;在教学方式和学习方式上,都强调探究的重要性。其中,一个核心的共同点是他们都将公众科技素养水平的提升作为科技教育的终极目标。

一、增强科技意识

科技意识是在长期科技实践活动中形成的对科学本质属性、功能价值、演进过程、创新机制等的一个长久而深远的社会观念体系,是对科学技术在生产活动中的地位和作用的认识。这种意识是一种无形能量在向外界散发传播,能够激发人们参与并积极投身科学事业或参与科学相关活动的热情,并对于人们参与相关科技教育活动提出价值层面的要求以及科学合理的指导。科技意识并非虚无缥缈,无影无踪,它往往可以从人们开展科研工作的积极性、宣传普及科学知识的自觉性和采用新技术的主动性中表现出来。简单地说,科技意识就是从科学的角度理解问题、分析问题和解决问题的思想观念及其行为。

科技意识对于科学技术的创新发展具有重要作用,在某种程度上,提高公众的科学意识比增加他们的知识量更重要,因为科学意识在决定人的行为动机方面比有限的科学知识发挥的作用更大。对个体而言,知识和能力的获得是以有意识的行为为指导的,这种意识性冲动或诱因就是动机。动机充分的情况下,只有当个体拥有了主动获取解决问题所需要的知识和能力的意识时,才会去学习知识,也才会通过提升自己的能力去解决问题。同样的道理,只有当青少年具有了科学意识,他们才会更加主动地去学习科学知识,去参与科技教育活动。对于科技意识的培养,需要强调培养学生欣赏和认识科学事业,关注于那些保障个人健康和安全所"实际"需要的技术,以及培养学生关心自然和人工环境的意识。科学意识强弱不在于公众掌握科学知识的深度,而是了解的广度,并且与个人生活及社会生活息息相关;强调生存与生活技能和意识,强调了解解决问题的路径,而不是解决问题所需要的专业知识。目前,典型的科学意识有:科学技术是第一生产力的观点、科教兴国战略的认同等,也包括:崇尚科学的意识、投身科学的意识、科学创新意识等。

二、增进科技知识

增进科学知识是科技教育最基本的目标。科技教育思想强调重视科学知识的价值,通过正规教育和非正规教育等途径大力提倡科技教育。从科技教育思想的发展历程来看,科技教育必须适应所处时代和社会发展的客观要求,要符合当前时代对于教育的新要求,按照教育发展的目标尊重教育发展的规律,不断细化措施,增强青少年对于科技的兴趣和热情,从而促进科技教育发展。科技知识伴随技术革新而不断增加,尤其是19世纪30年代的工业革命,对于新兴的自然科学等学科领域的发展起到了极大的推进作用。社会发展对教育有极大的影响力,社会生产力水平的进步也对学校教育提出了更高的要求。工业革命成功之后,社会对劳动力有了更高的要求,如应具备一定的知识经验、简单的自然科学知识等,相应的也就对学校教育培养的人才质量有了不同的要求,在一定程度上推进了当时学校教育的变革,在学校教育课程方面,自然科学的占比有了一定的提高,科技教育得到了重视,树立起以培养适应时代需要的新型人才为主要的目标。在这一时期,斯宾塞及赫胥黎等人与坚持古典主义教育传统的观点展开了论战,强调科学技术的价值和重要性,主张科学知识应当成为新教育的重要组成部分。19世纪后半期,科技教育思想在欧美各国得到了较快地发展。

就当前我国教育改革的要求和价值取向而言,我们要从以人为本,全面发展的观点出发,思考审视我们的科技知识传授问题。基于人的全面发展的观点,青少年科技教育应当摒弃知识中心观念,以科学素养的培养作为科技教育的基本价值取向。科技教育不仅仅是为了培养未来的科学家,更是为了培养适应未来科技社会的具有基本科学素养的公民,其应能够了解基本的科学知识及其应用,能够用科学的方法思考问题、解决问题、做出决定。信息时代,科学技术的发展影响着社会生活的方方面面,也对教育提出了更高的要求,青少年科技教育在教学思想、教学内容、教学方法、教学手段等方面也面临着更大的挑战和机遇。面向青少年开设现代科技教育课程成为社会关注的重点问题,通过开设现代教育课程,传授科学知识、培养科学能力、建立科学价值规范已是大势所趋。现代科技教育课程的开设顺应了社会发展的新要求,有助于进一步提高基础教育的科技教育培养力度,提高现代公民的科技素养,进一步提高学生认识自然、利用自然和保护自然的能力,为其科技素养的不断提升奠定基础。

三、掌握科学思维方法

科学思维,也叫科学逻辑,即形成并运用于科学认识活动、对感性认识材料进行加工处理的方式与途径的理论体系。[35]科学思维是人们在长期的社会实践中形成的认识世界、改造世界的正确的思考方式,是人们在探究事物本质和真理过程中,各种思考研究方式方法的有机整体。科学思维方法对于青少年个体发展具有重要的作用,可以说没有科学思维的人遇事只想着该如何反应,有科学思维的人关心现象背后的事实真相以及真相和结论是否有逻辑关系。个体具备了科学思维能力有助于个体正确地认识客观事物及其规律,能够正确地应用逻辑规则进行推理,并能获得合理的结论。正确性是科学思维的本质特点,如果从不正确的科学概念出发,进行判断、推理,或者运用了非科学的思维方法,结论很有可能是错误的。科学思维与科学知识的学习是一种双向互动的关系,科学思维能够指导科学知识的学习,同时科学知识的学习能够培养个体的科学思维能力,增强科学逻辑能力,从而更好地指导学习活动。科学思维方法不是一个具体的科学事实、定律和理论,它为人们提供的是观察和分析问题的基点和视角。一种新的科学思想方法有时会具有十分巨大的精神力量,能促使现有的科学技术产生重大的突破,会改变人们原有的思维方式,对人们世界观和人生观的建立产生重大的影响。另外,培养具有科技知识和科学头脑的综合性人才是现代科学技术高速发展、相互交叉程度高、综合性研究增加等环境变化提出的要求。这也就要求我们在进行科学技术基础知识教育的同时,还要增加科学思维方法的教育,让青少年掌握科学思维方法。

在进行科学思维方法教育的同时,应重视科学观念的教育。科学观念主要是指人们对某一种科学对象或某一个科学过程的本质性的认识和见解,是通过对事物进行整体认识、综合考虑而获得的结果,它对知识的应用起着广泛的支配作用。个体形成了科学观念,就可以对客观世界的本质及其规律有更深刻、更高层次的认识。因此,科学观念在人的科学素质结构中具有重要地位,在科技教育过程中,特别是各种科技教学活动中,都要注意科学观念渗透,不要让青少年只是被动地获得知识、积累知识,而是要在他们掌握知识的系统性和逻辑性的基础上,理解知识之间本质联系,能够正确地运用知识解决实际问题,形成相应的科学观念。

在青少年科技教育中一定要改变以往重视知识的掌握,而忽视科学方法学习的片面观点,应认识到青少年掌握科学的思想方法更加重要,科学思想方法才是获得科学知识的核心手段,青少年只有掌握好科学方法,才能更好地获取、理解科学知识,建构自己的科学观念。科学思想方法是一种思维方式和行为方式,包含着极大的智力价值,青少年一旦将科学方法内化为自己的思维方式与行为方式,其智力水平就会大大提高。科学思想方法教育有助于培养青少年的创造性才能。通过科技教育培养青少年科学思维,主要是培养推理、类比联想、数据分析等能力。推理可以训练青少年的逻辑连贯力,科学真相的存在经常会像竹笋的嫩心一样,掩盖在层层叠叠的笋衣之下,只有通过推理,将逻辑层次连贯起来,将无用的线索剔除,才能最终得到在一定范围内适用的科学结论。类比和联想不只是排比句和文学上使用的技巧,"举一反三"其实就是一种类比和联想能力的具体表现。比如,当我们提到"熊猫"这个动物的时候,我们从名字上联想到猫科动物,如家猫;但从实物的体型上,我们能够联想到的动物是棕熊,这时候,我们就会对"熊猫"这个名字产生怀疑,从而引发我们通过学习调查去了解真相。需要强调的是,在日常的教育中,要重视孩子观察能力的培养,引发孩子对物证的重视。同时,要培养孩子独立思考的能力与协同科研的精神。独立思考不是为了让他们挑战权威,各自为战,相反,科学研究中很强调互相协作,这种协作甚至可以跨越历史,后辈通过对已有知识的学习获取灵感,达到前辈之上的高度,不畏惧权威,同时需要对做出科学的结论持有一种谨慎的态度。进行恰当的科学思维训练是培养科学思维的重要途径,也是进行科技教育的核心方法之一。培养青少年的科学技术创新能力是科技教育的目的,选择合适的思维方式,进行恰当程度的思维训练有助于提高他们未来的科研层次和科研水平。青少年的科学思维主要包括思维的多元性、批判性、主体性、创造性、辩证性、立体性及逆向性等,这些都是科学思维训练需要关注的重要品质。青少年科技教育从小对学生进行这些方面的思维训练,有利于学生适应高速变化的环境和科技急速更新换代的时代要求,因此,加强科学思维的强化训练是青少年科技教育的重要步骤。

四、培育科学精神

科学精神是从事科技活动的人所应具有的心理层面的素质,是他们从事科技活动的心理动力机制。它是由科技活动对象的客观性、复杂性、科技活动主体认识能力的局限性所决定的,是科技活动的创造本质所要求的。科学精神是一种催人奋进、助力创新的强大力量,创新驱动发展已成为国家战略。面向青少年的科技教育,对提高国民科学素养起着根本性作用。在国家强有力的推动下,在国内外著名科技教育专家的理论指导下,我们要不断更新科技教育理念,加强培养学生的科学精神,提升学生的创新意识和实践能力,推进科技教育走向现代化,助力中华民族伟大复兴。培养青少年的科学精神是科技教育活动的内在要求,对于青少年科技素养提升和科学探究能力的培养具有深远意义。青少年科技教育活动的开展要将科学精神的塑造和培养作为重要的目标和任务。科学精神能够帮助青少年树立科学的世界观。科技的发展不仅能提高社会生产力,还能促进人类思维能力的提升,引发思想观念的更新,促进思维方法向更科学、更理性的方向演进,从而促进社会精神文明程度的不断提高。但我们也应当清醒地认识到,科技的进步并不能自发提高人们的精神文明的程度,因此,必须重视培养青少年的科学精神。科学精神能够帮助青少年养成科学的认识方法和思维方法。培养青少年的科学精神,有助于其养成科学正确的认识及思维方法,提高其思维的批判性和严谨性。科学精神能帮助青少年塑造健全人格。科技的发展有力推动了现代社会的飞速发展,为青少年的成长提供了良好的物质条件,使他们能够享有更加优越的教育,使其可以拥有更多的文化生活选择空间。与此同时,丰富多彩的生产生活方式也要求他们具有更高的文化素养及人格修养,即青少年应具备现代健全人格素质,其核心内容便是科学精神。

一是求实精神。求实精神,强调用事实说话,强调以事实为科学的基础,从事实中寻找客观规律。所有科学理论均是以事实为根据,同时又受事实的检验。求实精神的内涵包括从实际出发、尊重客观规律以及符合科学精神三个基本方面。因而求实精神的本质是坚持实事求是。实事求是精神是科学的最基本的精神,这一精神是由活动对象的客观性决定的,客观事实、规律以及正确反映这些事实和规律的科学理论不受阶级利益和政治倾向的影响,也不以任何人的主观意志为转移。科学的使命要不断地揭示反映宇宙本质的规律,一旦掌握了这些规律,人们就能在实践中自觉加以运用,从而在更好的物质环境和更高的精神境界中生产和生活,甚至基于此创造出新的文明。青少年科技教育的开展必须要让青少年形成求实的精神,主动去参与科学探索和创新活动,重观察、重实验、重分析,求得真知,让实事求是的精神在头脑中扎根。

二是求真精神。求真是科学精神的核心,是指在科技活动中,要尊重客观规律,由现象到本质、由感性认识到理性认识、由宏观到微观,深入地认识自然现象,探寻自然发展的规律。求真是科学必须遵循的规律,是科学精神的本质特征及最深层次的内涵要求。科技教育要关注青少年求真的思维培养,引导他们探索、实证、逻辑、分析、质疑,不断提高青少年发现问题、分析问题、解决问题的能力和水平,致力于提高青少年的科学创新能力。

三是质疑精神。质疑能力是青少年科技教育所要达成的一个重要目标,也是培养创新性人才的关键。任何一次技术性的突破往往启蒙于对问题的质疑。当然,科学精神中所包含的质疑精神绝不是无根据的指责或胡乱猜想,更不是对他人或前人研究成果的简单否定,而是在充分学习研究中,对问题的深入思考后所提出的疑惑。所谓质疑就是要做到摒弃简单的拿来主义思想,不能绝对化地信奉权威或书本知识。"科学"不等同于"正确",它是允许被质疑的,这也是科学的精髓所在。但是,科学质疑应是质疑者经过缜密思考和实践探索后,指出相关理论或成果中可能存在的某种错误。简而言之,科学虽然对所有人都敞开大门,但也是有门槛的,只有接受必要且专业的训练才能掌握科学方法从而形成科学思维。[38]质疑是一种高阶思维能力的体现,是建立在对某一问题或领域深入学习、长期探究基础之上的。换言之,科学质疑的前提是对问题的精通。这就要求质疑本身要具有合理性,科学技术的进步离不开质疑,但绝不能为了质疑而质疑,更不应鼓励那些缺少理论支持和科学方法的质疑。要通过科技教育的开展引导青少年知道何谓质疑,学会如何质疑,懂得如何批判,甚至是合理的自我否定,要防止他们沿着偏执的质疑之路走下去,从而让他们学会科学地质疑,做出理性判断。

四是创新精神。科技教育是科学普及的手段,也是科技创新的基础。习近平总书记在致世界公众科学素质促进大会的贺信中指出,科学技术是第一生产力,创新是引领发展的第一动力。创新精神是一个现代人应该具有的基本素养,也是一个国家、一个民族发展的根本动力。创新精神属于科学精神的重要内容,主要是指进行创造活动必须具备的心理特征,包括创新意识、创新兴趣、创新意志、创新行为等相关的思维活动。[39]通过科技教育培养学生的创新精神,能够激发学生的好奇心和求知欲,引导学生善于发现问题、提出问题,不断地思考,找出解决问题的方法。科技教育就是要用科学之光照亮孩子求真创新之路,用科技教育提升全民科学素养。

五是伦理精神。科学探索鼓励研究人员大胆创新、勇闯科学无人区,但并不意味着纵容违反科学道德、无视伦理法规的行为。法律及伦理底线不容突破,研究人员应敬畏生命、遵守规则,守护好科技领域的净土,让科技创新成果更好地造福社会。科技教育活动应当激发起青少年对科学伦理的深层次认知和体验,使其充分认识没有规则的世界是混乱的,没有伦理约束的科技则是危险的。要让青少年从小就树立起这样的理念,并以之为准绳,规范自己未来的学习、生活,乃至职业行为。虽然对青少年而言,理解何为抽象伦理比较困难,但我们可以通过具体的科学事例,来帮助他们获得对科学伦理的具体感知。而这一效果的实现,就需要借助科技教育活动的开展。通过科技教育活动让他们认识到任何科技成果都具有两面性,我们必须趋利避害,为人类福祉努力。要告诉和引导青少年从事科学活动应当遵守什么样的规范,使他们从小就知道要尊重规律、敬畏法律,千万不能为了所谓科学的"探索",就置伦理规范于不顾。在科学与伦理之间,伦理永远是第一位的考量。

五、培养科学实践能力

培养科学实践能力是科技教育中一个非常重要的内容。科学实践能力是指运用科学技术知识来解决社会及生产生活中的实际问题的能力,它是在一定的科技知识和技能基础上形成和发展的,包括科学意识、科学知识、科学思想、科学方法等各方面的素质,是人们进一步从事科学技术活动的重要条件之一,是将科学素养外化为实践体验的关键。科学实践能力是一种综合能力,由多个维度的能力复合而成,大致包括观察、论证、操作、创造等四种能力。

一是观察能力。从认识过程来讲,观察能力是人有目的、有计划、持久性的感知客观事物的能力,观察是获取感性材料所必需的一个路径,是从事科学研究活动必须具备的一个基础能力。科学观察能力,就是指在自然条件下考察自然事物的能力。要让青少年自觉地、独立地、有计划地、有意识地坚持观察,掌握一些简单的观察方法,提升基本的观察能力。在青少年科技教育活动中,需要教育青少年明确观察目的,有顺序地进行观察,并对自己观察的结果进行分析、讨论,在观察中要重点对于自然事物常见的属性和变化进行持续性的观察和记录,包括事物的颜色、形状、气味、味道、透明度、体积、质地、温度等特性。比如,观察水、空气的物理性质,观察土壤岩石金属的一些性状,动物植物的一些形态特征,等等。观察能力要全面、细致、准确。全面,是要学习在观察过程中综合运用多种感官去感知事物,多层次、多角度地获取事物尽可能多的属性;细致,是指观察的敏锐性,观察过程中要细致、耐心,不能放过事物的一些细微的特征和现象;准确,是指感官要具有一定的分辨能力,能够正确地感知各种属性。要引导学生借助一些简单的仪器,对自然事物进行精细观察。比如,使用放大镜观察动植物的细微结构;使用温度计来测量水温、气温;使用尺子去量长度;使用太阳高度仪去测量太阳的高度;使用天平测量物体的质量,等等。

二是论证能力。论证能力就实质而言还是一种思维的范畴。在科技教育中要培养青少年的抽象概括能力,实际上就是培养青少年逻辑推理的综合性解决问题的能力。逻辑思维能力,就是人在感性认识的基础上,运用概念、判断、推理等思维形式,经过比较、分析、综合、抽象、概括这些思维过程,对自然事物获得理性认识的能力。[43]个体只有经过严格的科学思维训练,为形成抽象和概括能力、归纳和演算能力、分析和综合能力打下良好基础,才能更好地学习、理解科学理论,感受科学理论在生活中的运用原理。在组织教育内容时,应该把科学概念定律及理论知识进行合理的组织和编排,利用这些概念和定律及其理论,为学习者认识世界开辟捷径,为学习者逻辑思维能力的发展提供最有效的材料。

三是操作(实验)能力。操作能力是指根据研究目的,利用仪器或设备,人为地控制、干预或者模拟自然现象,使某种事物(过程)在有利于观察的条件下发生或重演,从而获得科学知识和探索自然规律的能力。[44]要培养青少年的操作能力,实验活动是主要途径之一。首先,要使青少年认识到实验的构思和设计要遵循一定的科学原理,要在科学的理论指导下进行实验。青少年要能够认识一些常用的实验仪器并知道它的用法。比如,一些化学仪器,像酒精灯、烧瓶、烧杯、试管、漏斗等常用化学仪器;还有一些物理仪器,像磁铁、电池、导线、开关、灯座、凸透镜、杠杆、轮轴等;还有一些生物仪器,像解剖刀、镊子、显微镜等。其次,要让青少年掌握一些基本的实验技能,学会一些简单的实验。比如,通过做化学实验,学会正确使用酒精灯;用试管、烧瓶做容器给液体加热,利用酒精灯蒸发玻璃片上面的液体让盐析出来;做溶解实验、过滤实验,包括用石灰水鉴别二氧化碳、用碘鉴别淀粉、用稀盐酸鉴别石灰石等这样的一些化学实验;还有一些物理实验,如物体的热胀冷缩的实验,模拟露、霜、风、雨和雪的形成等,做杠杆、轮轴和斜面,研究凸透镜成像的原理等。此外,在实验过程中,青少年的观察能力、操作能力、分析处理问题能力等探究能力也能得到充分的发展。

四是创造力。创造力,是指人们在创造性地解决问题的过程中表现出来的一种个性心理特征,是根据一定的目的,运用一切已知信息,产生出某种新颖、独特、有社会或个人价值的产品的能力,[45]其核心是创造性思维能力。创新是科技发展的源泉,每个孩子都应该从小培养创新能力,提升科技探究水平。一项科技活动,其成果能否为科学共同体所承认,能否被纳入人类知识体系的大厦,首要的标准就是看它是否具有新颖性,是否发现新的事物、提出新的概念和定律、建立新的学说和理论、形成新的世界观和方法论,是否把已有的知识转化为新的产品,从而在实际中获得应用。

第三节　青少年科技教育的基本内容

青少年科技教育的重要性和意义不言而喻，关键是如何将科技教育与学生生活相结合，真正提升学生的科学素养。科技教育的落地实施涉及内容选择的问题，即应该将哪些知识教给学生。众所周知，科技知识的范围是十分宽泛的，其内容也是十分庞杂的。如何从繁杂的科技知识中，筛选出不同年龄阶段青少年所应掌握的知识内容，构建一个较为完整的科技教育知识框架内容体系，是促进科技教育有效开展的前提和基础。当然由于不同学者、不同国家对科技教育内涵的认识不同，其所主张和选择的教育目标也有所不同。科技教育目标的实现依托于教育内容的选择，因此，不同目标指向下的科技教育的具体内容也会有所不同。

科技教育的内容是范围非常广泛且体系庞大的，涵盖了自然、社会、人文等多个领域的相关知识和内容。综合来看，科技教育的内容包含物质结构、宇宙的起源和演化、地球科学、环境科学、生命科学等自然科学的基础知识，以及信息工程、生物技术、新材料技术、激光技术、航天技术、空间资源开发技术、自动化技术、新能源技术、农业技术、医药技术等技术领域的基础知识。个体能够正确理解科技的内涵，掌握丰富的科学知识，具备一定的科技能力是其从事任何科技活动的前提。如上所述，科学教育的内容包含许多方面，我们不可能学习完所有知识，甚至有些方面可能永远也接触不到。那么，摆在我们面前的一个问题就是如何筛选出需要我们学习的东西。要解决这个问题就需要我们深刻把握科技教育的本质，并且理解科技教育定位，我们的科技教育绝不是为学习一切的知识，这是没有必要的，也是不现实的。我们可以通过由点及面的学习，掌握一类知识的内核。我们的科技教育也不是培养科学家的教育，而是一种广而博的通识教育，其目的是增长青少年的科学素养。其实关于这个问题的探讨由来已久，在科技教育的发展史上，许多科学家和教育家都对其进行了探讨。这些思想会帮助我们更好地把握科技教育内容的选择。

根据科技教育的目标，我国的青少年科技教育通过科技教育课程的开设，借助各类校内外科学普及活动的开展，以及各种科技类研学旅行活动，构建校内、校外协同的科技教育载体，以此向广大青少年传授科学基础知识和基本技能，具体包括环境认知、生命科学、物质科学、宇宙地理科学、科技与社会生活等方面的内容。

一、环境认知知识

人类所处的生存环境是复杂多样的,对于环境的探索是科学技术永恒的追求,人们原初的科学启蒙便是对周围环境的认识和改造,在这个过程中充满了对科学的探究。对环境的认知以及了解生活环境中各种事物和现象是科技教育的基本内容之一。随着科学技术的发展和社会文明程度的提高,青少年所处的环境越来越技术化。从某种角度来看,目前我们所处的世界是一个技术化的世界,被科技加工而成的世界,周围世界离不开科技,科技的发展又原发于周围环境。青少年科技教育要以科技教育目标为引领,培养学生的探究精神和渴望,使其主动研究周围环境。就宏观而言,环境认知的教育需要引导青少年对周围常见的自然现象或各类事物的功能作用、变化规律等进行探究和学习,尤其激发青少年对于现象背后的科学原理的认知。青少年科技教育要为青少年的探究活动提供自由宽松和充满创新氛围的环境,让每一个学生都能有机会参与到对周围环境的探究中来,并愿意去发现、研究,敢于提出问题、建议,发表各自的意见。青少年所处的家庭环境、社会环境、学校环境等都是青少年常接触的环境,成年人需要从生活体验或常见的科技成果入手,帮助青少年感知科技对自身生活和周围世界的影响,让他们学习、了解生活中的科技道理和知识。具体而言,环境认知的内容包括对所处周围生活场景中科学技术的初步认知,即需要对衣、食、住、行以及娱乐等活动中所体现的科技要素和信息形成初步的印象。科学技术的发展和进步能够为人类的日常生产和生活带来极大改变,从科技产品对生活用品升级更新的过程中可以知道科学技术在现代生活中无处不在,对于生活中见到的各种现象要有科学的认识。培养青少年感知身边科学现象的能力,使其能够产生探究现象背后科学道理的热情,对身边的各种现象充满好奇,对于观察到的现象能够大胆地提问,并尝试找到答案。积极了解周围生活中所接触的各类事物,包括认识周围的家用电器、交通工具、动植物等。比如,了解动物、花草树木的名称、习性、养护方法,使其在获得基本知识的同时,养成保护环境的意识。

二、生命科学知识

关于生命本身的学习和探究是科技教育的核心内容之一。生命科学是一门发展迅速、多学科交叉的科学,是当代最受关注的科学门类之一,也是青少年了解人类自身生命演进和生命奥秘的基础。因此,向青少年普及和推广生命科学知识是青少年科技教育不能忽视的一个环节。进入21世纪以来,生命科学教育进入了一个加速发展的新时期。随着我国科技水平和综合国力的大幅提升，生物技术领域也迎来了快速发展阶段。诸如干细胞与再生医学、基因编辑与测序等技术也成了科技教育备受瞩目的内容。从学科知识角度来看，生命科学领域包括生命系统的构成层次、生物的新陈代谢、生命活动的调节和行为、生命的延续和进化以及人类健康与环境等主题。具体内容包括常见生物的形态和习性，生物的多样性，种群、群落和生态系统，生物圈，生物进化及其意义，人体消化系统、呼吸系统、循环系统的构造及其在新陈代谢过程中的功能，生殖与发育，等等。青少年在学习了生命科学的知识及技能后，可以做到初步了解生命世界的基本事实、基本规律和生命科学的基本原理，获得有关健康生活模式的概念，学会或掌握生物学的基本实验技能，理解人类活动对生物圈产生的多方面影响，关注生命科学技术的发展和应用对个人生活、整个社会的作用等。伴随着对生命科学知识的学习，青少年还应能够运用所学的生命科学知识去分析和解决现实生活中的实际问题，加深对于现实生命现象的认识和理解，并能够获得对生命科学技术伦理的初步认识，认识到生命科学知识的获得和应用要遵守相关的法律和伦理道德规范。

三、物质科学知识

人们生活在物质世界中，每时每刻都在接触各种各样的物质，感受自然界和人类生活中所发生的、丰富多彩的物质运动和变化。物质世界中的各种现象和过程都有其内在规律性。物质科学就是研究物质及其运动和变化规律的基础自然科学。青少年对物质科学内容的学习将有助于增强他们探究物质世界奥秘的好奇心，形成"世界是物质的""物质是运动的"等观点，可以使青少年感受到物质科学对促进社会进步、提高人类生活质量的重要作用，帮助青少年初步养成乐于观察、注重事实、勇于探索的科学品质。物质科学的研究范围也是十分广泛的，大致可以分为固体、液体、气体三大类。从属性上划分，可以分为自然物质和人造物质两类，水、岩石、土壤、空气等属于自然物质；铁块、木块、陶瓷、纸张等属于人造物质。物质科学研究主题主要包括物质的性质、物质的结构、物质的运动和相互作用、能量和能量的转化以及信息、能源等。通过对这些内容的学习，青少年应能了解物质的基本性质，掌握物理和化学实验的基本技能，知道机械运动、化学运动、电磁运动、生命运动等物质运动形态及其相互作用的基本原理，理解能量守恒与转化的意义，了解什么是物质结构的层次和原子结构模型，并用它们解释物质的相关特性，处理一些与物质科学相关的生活中的简单问题。在开展科技教育过程中，教师要利用丰富多样的材料和工具引导青少年主动观察、探究各种物质的性质和变化，并密切联系周围生活环境和生活经验，教育青少年了解和探知物质与人类的生产生活之间的关系。物质科学领域的教育要重视青少年的认知过程,青少年已有的知识、技能、概念和习惯都会极大地影响着他们对新概念的建构和理解。科学课教师或科普工作者要重视物质观的教育,即在教学中秉承实事求是、尊重证据的科学品格;重视物质科学领域的实验教学,需要教师熟练掌握各种实验;重视学生的认知过程,教材运用大单元结构为学习者提供建构;重视学习小组的作用,提倡学习者通过交流、互动、讨论和论证进行学习。

四、宇宙地理科学知识

人类生存在宇宙之中,对宇宙空间的探索是一个永无止境的过程,从简单的图腾认知发展到地心说,再到日心说,直至今天人们对于其他星球的探索,都是科学发展的重大成果。作为目前在人类认知范围内仅知的适合人类生存的星球——地球,人类对它的探索从来没有停止过。人类通过对地球以及所能观察到的各种宇宙现象的研究,发现其中的运动规律,探究空间和时间维度宇宙的复杂性。宇宙地理科学是青少年普遍喜欢的知识。这种对宇宙的喜爱或许来自对月亮的观察、对星空的好奇、对流星的追逐、对雨雪雷电的探究,等等。青少年对于宇宙地理科学知识的渴望也充分说明了开展宇宙地理知识教育普及的重要性。青少年通过对宇宙地理知识的学习,能够初步形成科学的宇宙观和自然观,能够对人与宇宙、人与自然的可持续发展关系产生初步的认知。宇宙地理科学包括地球、太阳系及星系等部分。青少年通过学习这些宇宙地理科学知识,可以学会用肉眼或简易天文望远镜观察星空,了解太空、星系、太阳系和地球的基本情况和发展演进历程,并在此基础上探究星球基本运行的规律,了解地球和太阳对人类生存的意义,树立尊重自然、保护自然、科学利用资源,并努力实现人与自然和谐相处的观念意识。同时,通过宇宙地理科学知识的学习可以让青少年增强对宇宙和世界的理解,能有效开发青少年的空间想象能力和思维拓展能力。

五、科技与社会生活

随着社会的进步和科技的发展,人类生产生活方式正在发生结构性的变革,科技已经渗透到了人们生活的方方面面。信息化、智能化时代的来临不断拉近着我们与高科技的距离,高科技产品和服务触手可及,给我们的生活带来了翻天覆地的变化。厨房里,微波炉、电磁炉,一个个整整齐齐地摆放在那里,随时准备听候主人的调遣。由此可见,高科技已经融入了人们的生活,它在改变生活方式的同时,还改变着人们的认知方式,对人们的学习能力和知识再造能力提出了更高的要求。生活于科技时代无疑要求人类尽可能多地去了解和掌握足够多的科技知识,以适应不断更新的科技变化。随着时间的推移,科技大爆发的时代即将到来,为此,在青少年科技教育中必须融入新科技知识,让青少年了解、把握科技发展的最新成果。然而,当代最新科技成果所涉及的知识大多都是交叉学科知识,涉及多学科、多领域,难以将其简单归为某一个科技教育领域。为此,需要我们对这部分知识重新加以整合、归纳,以课程统整的视角,对高新技术成果所涉及的多学科、多领域知识进行重新分类、整合,构建科技教育新内容,从而满足青少年对于新科技知识学习的需求。诸如目前的社交媒体、物联网、大数据、生物科技、金融科技与区块链、可穿戴设备、纳米科技、虚拟现实、人工智能等都属于科技与社会生活领域。这部分的内容主要以分散和渗透的方式有机地交叉到互联网技术、生命科学、物质科学与地球和空间科学等领域中。青少年通过对科技与社会生活内容的学习,要知道科学技术的发展和人类文明演进的关系,把握并理解科技与日常生活、科技与社会发展、科技与时代更迭的互动作用关系,把握科学技术的发展规律,从而更加深入地了解现代农业、能源、材料、现代通信、环境与资源、人口与健康等当代重大课题的现状及其对社会发展的意义,了解科学技术是第一生产力,形成可持续发展的意识。

第四节 青少年科技教育发展的新愿景

一、公民科学素养教育普及化

中小学应当配备专职或者兼职科普教师,鼓励中小学充分利用市各级科普基地等科普教育资源,每学期定期组织学生开展科普专题活动或校外科普活动,如科技制作、科技发明、科技考察等科普活动,重点普及生理心理健康、流行疾病预防、安全避险、生态环境保护、知识产权、质量标准等方面的科学知识,培养学生的科学兴趣、科学精神、科学态度,树立科学价值观。

二、青少年科技教育内容前沿化

围绕代表世界高技术前沿的发展方向和国家未来新兴产业,需要超前部署一批前沿技术,在人工智能、新一代信息技术、量子科学、国防科技等前沿领域,开展形式多样的科普活动。争取高校和科研机构支持,在不影响教学、科研正常开展的情况下,向中小学生开放非涉密的实验室、陈列室和其他科普场地、设施,为中小学生举办科普讲座,讲解科普知识。

三、科技教育教育者高端化

鼓励和支持高校、科研院所的优秀科技工作者组成青少年科技教育专家讲师团,依托"全国科普日"等活动,走进中小学开展科普讲座、担任青少年科技教育兼职教师。拓展科技教育教师培训学习、进修交流和开展研究的途径,使广大青少年科技教育教师的创新教育技能和创新教育艺术得到明显提高,并积极探索建立青少年科技教育教师评价机制。

四、青少年科技教育活动品牌化

注重学生创新意识和实践动手能力的培养,组织策划一系列适合青少年体验的科技教育前沿、高端、品牌竞赛活动。[55]依托青少年科技创新大赛、科普知识竞赛、特训营等竞赛与活动,建立有品牌特色的青少年科技教育活动平台。积极创建科技教育创新团队、科学教育特色学校。

五、STEM教育与创客活动本土化

立足青少年科技教育工作实际,指导各中小学结合我国国情开展STEM、创客教育教学活动。开展创客教学软、硬件平台建设,建立学生创客活动基地,培养创客骨干教师。在中小学开展STEM教育实验,开展区域、国际STEM教育研究学习中心建设,打造引领国内STEM教育研究学习与区域合作的典范。

六、区域青少年教育自主特色化

按照"一区一特色、一校一品牌"的思路,鼓励各级各类学校自主开展青少年科技教育活动。加强青少年科技教育课题研究,通过课题引领赋予各学校自主确定项目主攻方向与活动内容的权力,鼓励各校结合本区域、本学校发展基础、办学特色和生源特点,自主设计青少年科技教育项目,使青少年科技教育朝个性化、优质化、品牌化方向发展。

第三章 基于核心素养的青少年科技教育可持续发展观

教育的可持续发展是可持续发展思想在教育领域的体现。国家教育发展研究中心的张力教授认为,21世纪初的第四次革命性变化可能是"可持续发展的教育"[56]。目前,学术界对可持续发展教育的定义还没有形成统一意见。笔者认同罗明东等人的意见,认为"教育的可持续发展就是指要把教育置于社会生态系统中,以实现教育系统与社会系统的和谐共存为目标,通过调节、控制、创新等手段,实现发展需要的满足,并创造有利的发展条件,为将来的发展奠定良好的基础,最终实现系统永续的一种发展。"[57]

青少年科技教育的可持续发展与教育可持续发展的概念存在着极高的一致性,这要求把青少年的科技教育置于教育及整个社会生态系统中,建立并完善自我调节机制和创新机制,满足维持和完善自身存在和发展的需要,从而为培养有科学素养和技术素养的公民提供保障。青少年科技教育的改革与发展必须适应新的社会形态变化。

第一节 青少年科技教育系统的结构

一、科技教育系统

科技教育结构反映的是科技教育总体各部分之间的比例关系及组合方式。人们习惯上理解的科技教育结构主要是指科技教育人才培养系统、各子系统及其所占用资源之间的比例关系及组合方式。

（一）科技教育结构的分类

根据不同的标准和角度，科技教育结构可划分为类型结构、专业结构、形式结构、布局结构等。

从类型结构来看，科技教育可以分为学校教育和职业培训两种类型。学校教育是由学校实施的学制规范的、系统的教育，包括各级各类中小学教育及各级各类职业教育等。科技教育形式结构是指按科技教育学习形式和办学形式等不同而划分出的不同类型和样式的结构。从发展趋势来看，科技教育的形式、结构正在从以正规教育为主转向正规教育、非正规教育并举，多元和立体的教育形式格局正在逐步形成。

科技教育布局结构，也就是科技教育的空间分布结构，是指特定区域内的学校和培训机构的空间分布所形成的比例关系及其组合方式。根据科技教育发展历史、水平及地理因素，可以划分为中心地教育和腹地教育两种基本类型。科技教育空间分布结构受社会经济发展水平、文化发展水平及地理环境等因素的影响较大。反过来，科技教育所培养的人才对社会的发展特别是区域经济的发展也具有明显的推动和促进作用，所以科技教育空间分布结构对区域社会经济的发展也存在很大的影响。

（二）科技教育结构分析

在进行科技教育结构分析时，要充分考虑教育区域内的社会需要，首先要处理好义务教育、中等职业教育、普通高中教育、高等教育等方面的结构关系。在处理好关系的基础上，正确处理科技教育内部结构是关系到科技教育能否健康发展的重要因素。

分析科技教育结构的主要内容有以下几个角度：第一，科技教育结构是否适应区域经济发展和劳动就业的产业结构、技术层次结构。第二，教育结构能否发挥区域资源结构的优势，科技教育要与区域发展方向和发展战略主动保持较高的适应性。第三，科技教育结构与教育发展规律是否统一，正规教育与非正规教育能否保持合理的比例等。第四，科技教育结构是否具备合理的弹性，以便根据区域经济社会发展情况进行适当的调整。第五，科技教育结构能否带来结构性效益，如果能，就表明这个结构是合理的；反之则不够合理。

（三）科技教育结构的优化策略

从全国范围来看，科技教育发展并不充分，还没有得到人们广泛重视，与之相配套的政策和制度也不完善。但是随着我国义务教育的基本普及和社会经济的快速发展，加快结构的优化与调整已成为科技教育发展的重要内容。科技教育系统发展应优先关注教育中心的建设，尤其应建好县（区）级教育中心，以发挥其对教育腹地的引导和辐射作用。教育中心建设不仅包括学校建设，还应包括功能强大的培训中心建设。在科技教育中心建成之后，应根据区域发展的特点加强腹地教育建设，使教育中心教育与腹地教育相互配合、协同发展。

二、青少年科技教育系统的结构

钱学森说："什么叫系统？系统就是由许多部分所组成的整体，所以系统的概念就是要强调整体，强调整体是由许多相互关联、相互制约的部分所组成的。系统工程就是从系统的认识出发，设计和实施一个整体，以求达到我们所希望的效果。"[58]基于系统科学的理论对青少年的科技教育系统进行分析，青少年科技教育系统由多个部分组成，各部分之间相互独立，又相互联系。

对青少年科技教育系统的多个部分进行整合，可以将其整合为三个子系统，分别是青少年科技教育调控系统、科技教育研究系统、科技教育实施系统。三个子系统之间的关系如图3.1所示，各个子系统又包含了更多的、低层级的、多因素、多层次的复合系统。

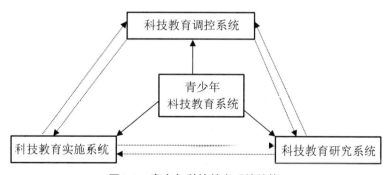

图3.1　青少年科技教育系统结构

（一）青少年科技教育调控系统

科技教育调控系统主要通过运用政策、法律、行政、经济、文化以及科技教育规律等各种调节、控制手段，对影响青少年科技教育发展的主要因素进行调节和控制,从而协调青少年科技教育系统内部和外部的关系,以达到健全完善科技教育系统的目的。[59]调控有人为调控和环境调控两种基本的调控方式。人为调控是指科技教育的行政管理者根据科技教育规律对科技教育系统进行调控,如政府行政部门通过制定法规、政策、评价体系等对科技教育系统进行的调控。环境调控则是通过科技教育系统的外部环境,如传统历史文化、科学技术的发展水平、社会价值观的取向、大众传媒的引导等对科技教育展开的调控。人为调控具有自觉性、主动性、直接性等特点,而环境调控则具有自发性、隐蔽性、间接性等特点。

(二)青少年科技教育研究系统

青少年科技教育研究系统是整个系统的理论支撑部分,其目的是揭示青少年科技教育的基本原理、特色和规律,既包含科技教育理论研究,也包含科技教育实践研究。科技教育研究的主体主要包括教科所教研员、科协与科技馆教师、高校教师、一线科学教师、科学家等,主要研究内容涉及科技哲学、科学技术美学、科技发展史、科学技术与社会、科技教育观念、科技素养、科技教育的目的和内容、科技课程与教学、科技教育心理学、科技教育策略与方法论、科技教育资源开发与利用、科学教师的专业化发展、科技教育理论的应用与实践等。科技教育研究系统对科技教育所涉及的价值、主体、客体、资源、内容、制度、机制等进行研究,开发出分层次、分模块、有效协调、高效发展的科技教育创新系统,对整个青少年科技教育系统有着重大意义,是推动青少年科技教育向前发展的重要动力。

(三)青少年科技教育实施系统

青少年科技教育实施系统是整个系统的核心,也是保证青少年科技教育系统可持续发展的关键。科技教育实施大部分发生在学校,小部分发生在家庭和社区环境中,包含显性要素和隐性要素两大块。显性要素又包括人工要素以及物质要素,其中人工要素主要由青少年、科学教师、科技辅导员、各级科普人员、科学家、家长以及其他参与到青少年科技教育实践的所有人员组成;物质要素包括科技类教材、科技实验室、科技图书与报纸杂志、科技教育网络、科技活动仪器设备材料、科技活动场馆等。科技教育实施的隐性要素包括自然环境的构成、人为环境的营造、青少年参与的各种科技活动、科技教育实施获得的评价等。

在以上青少年科技教育系统的整体中,科技教育实施系统处于核心地位,这种核心地位是建立在科技教育研究系统和科技教育调控系统相互适应和协调发展的基础上的。科技教育调控系统对科技教育实施系统的运行起保证、协调作用。科技教育研究系统是青少年科技教育的动力系统,高投入、高效益、持续性发展的青少年科技教育实施系统必须以科学技术教育研究的成果为前提。这些系统与子系统之间是紧密关联而不可分割的,离开科技教育调控系统的支撑,科技教育将会走向无序;离开科技教育研究系统的引导,科技教育将会走向盲目;离开科技教育实施系统的落实,科技教育的改革与发展便是空谈。

第二节 青少年科技教育可持续发展系统的特征

系统科学认为,一切系统都有目的性。所谓系统的目的性,就是系统目的指向性、针对性或者方向性,也就是说系统的目的性规定了系统的基本使命及其系具有的基本功能。[60]科技教育系统的目标是培养德智体美劳全面发展的技术型和技能型应用人才。科技教育可持续发展也是在科技教育系统坚持本身基本使命和固有基本功能不变的前提下的可持续发展,所以科技教育可持续发展的本质特征是自存性。准确理解和把握科技教育系统的目的性是办好科技教育的关键,它是解决科技教育内容、教学组织形式、教育评价体系等问题的重要依据。同样,准确理解和把握科技教育可持续发展的自存性,也是实现科技教育可持续发展的关键。自存性是科技教育系统完善内部结构,增强自身功能,改进内部运行机制,通过自身教育活动改变所处环境,满足其他系统可持续发展需要从而实现自身可持续发展的前提。

云南师范大学罗明教授曾把教育可持续发展的特征归纳为以下五个特点:可持续性、未来性、和谐性、开放性、相对稳定性与创新性。

结合系统的特点以及上述对青少年科技教育系统结构与功能的分析,笔者把青少年科技教育可持续发展系统的主要特征归纳为整体协调性、可持续性、平等性、开放性、相对稳定与创新性、自组织性。

一、整体协调性

系统思考理论认为,一个系统是复杂的,各部分之间形成高度相关的网络,表现出综合的属性,整体大于各部分之和。[61]青少年科技教育具有整体协调性,主要是指青少年科技教育系统中的各个子系统、要素之间存在非线性的相关,它们之间相互联系、相互影响,形成了一个整体。对青少年科技教育系统的整体协调性的理解,要结合系统和要素、整体和部分的对立统一关系来进行把握,认识到青少年科技教育系统是由各个要素组成的,各要素的发展都会影响整个的青少年教育科技系统的发展。同时,青少年科技教育系统的整体的变化又会反过来影响系统中的各个要素。整体协调性是青少年科技教育可持续发展的基础,表现在青少年科技教育与素质教育的协调发展、与科学技术发展水平的协调发展、与社会文化的协调发展、与国际科技教育的协调发展、与人文教育的协调发展等多个方面。

二、可持续性

罗明东等人认为,教育的可持续发展就是指要把教育置于社会生态系统中,以实现教育系统与社会系统的和谐共存为目标,通过调节、控制、创新等手段,实现发展需要的满足,并创造有利的发展条件,为将来的发展奠定良好的基础,最终实现系统永续的发展。[62]青少年科技教育的可持续性要求我们要用历史性的角度来看待青少年科技教育的发展,要充分地考虑当代社会的发展和未来社会发展预期的要求,在制定当代发展战略时要充分考虑未来发展可能性的需求,要体现动态性和长期性。

三、平等性

青少年科技教育系统的平等性要求青少年在享受国家政策、利用教育资源、追求自身发展等方面都享有平等的权利。青少年科技教育系统的平等性主要体现在科技教育的普及性、科技教育质量的均衡性、科技教育环境的均等性等方面,确保每个青少年都有接受科技教育的机会,都能享受高质量的青少年科技教育社会服务。

四、开放性

开放性指的是系统具有不断与外界环境进行物质、能量、信息交换的性质和功能,系统向外界环境开放是系统得以可持续发展的前提,也是系统得以长期稳定的条件。青少年科技教育系统的发展过程是开放的、动态发展的。青少年科技教育系统是一个开放性的系统,从内部来看,青少年科技教育系统的各个子系统之间存在相互联系、相互沟通的有效机制,有效的内部开放能够优化青少年科技教育系统的结构,加强内部联系,改善系统内部环境;从外部来看,青少年科技系统与其他社会系统之间也存在相互联系、相互影响的密切关联机制,能够有效地进行信息交换,适应社会发展,这也是青少年教育科技系统可持续发展的重要条件之一。

五、相对稳定性与创新性

青少年科技教育系统具有一定的稳定性,青少年科技教育虽然强调创新性,但是需要在相对稳定的前提下才能进行。青少年科技教育在发展过程中要处理好继承和创新的关系,要充分利用和发挥青少年科技教育体系中的内发性因素在科技教育发展过程中的作用。科技教育理论研究要做到国际化研究和本土化研究相结合,保持青少年科技教育在发展过程中的相对稳定,"科学素养的养成也应该循序渐进,应该符合被教育者的具体情况"。[63]"科技教育目标的制定也要针对被教育者的最近发展。"[64]在保持相对稳定性的同时,注意青少年科技教育系统的更新和变革,增强青少年科技教育系统的生机和活力。

六、自组织性

具有自组织性表示系统的运动是自发的,不受特定外来干预而进行,其自发运动是以系统内部的矛盾为原因、以系统的环境为条件的系统内部以及系统与环境的交叉作用的结果。青少年科技教育系统具有的自组织性主要是指青少年科技教育系统是一个远离平衡的开放系统,其自组织性得以真正实现是由于科技教育的调控系统、研究系统以及实施系统之间进行相互协同和竞争,在外界环境的变化与内部子系统及构成要素的非线性作用下,系统不断地层次化、结构化,自发地由无序状态走向有序状态或由有序状态走向更为有序的状态。

第三节 青少年科技教育可持续发展系统的运行

系统论的创立者——美籍奥地利人、理论生物学家L.V.贝塔朗菲(L.Von.Bertalanffy)强调,任何系统都是一个有机的整体,它不是各个部分的机械组合或简单相加,系统的整体功能是各要素在孤立状态下所没有的新质。[65]从系统论的观点来看,世界上任何事物都可以被看成是一个系统,系统是普遍存在的,青少年科技教育本身也是一个系统。从系统论的角度对科技教育进行研究,目的是在认识青少年科技教育系统中系统和要素、要素和要素、结构和功能、系统和环境等之间的相互联系、相互作用问题,并在此基础上调整科技教育系统结构,协调各要素关系,优化系统功能,使系统、各要素与环境和谐发展。

一、青少年科技教育系统的内部环境

（一）青少年科技教育系统的构成

一切系统都具有层次性，即系统的结构和运动形式所具有的等级次序性，构成某个系统的要素是一个个子系统，子系统又由更小的系统构成，而该系统本身又是另一个更大的系统的组成部分。[66]青少年科技教育系统可从不同的角度或不同的层次进行多种划分，如从实施主体不同来看，青少年科技教育系统由学校教育、科普教育等各个子系统组成；从功能主体来看，青少年科技教育系统是一个由教育、科研、资源等组成的复合系统；从影响因素来看，青少年科技教育系统是一个包含社会因素、经济因素和人类活动的、有目的的人工系统。综上所述，本书中对于青少年科技教育系统的构成主要从科技教育活动特征和科技教育功能构成两个角度来进行分析。

1. 从科技教育活动特征角度分析青少年科技教育系统的构成

青少年科技教育活动是特定教育区域内的教育活动。青少年科技教育系统就是由这些教育活动所组成的系统，即青少年科技教育系统是由青少年教育中心系统、青少年教育孕育腹地系统和青少年教育协作网络系统所构成的系统。

（1）青少年教育中心系统。青少年教育中心系统是由科技教育中心的教育活动所形成的系统。一般来讲，它是一个结构体系完备的系统，由学校和科普机构、教育行政机构、教育研究机构等组成，是科技教育系统的心脏。由于教育中心系统能够集合区域内的教育资源，为系统的发展服务，所以教育实力也较雄厚。

（2）青少年教育孕育腹地系统。青少年教育孕育腹地系统是由教育孕育腹地的教育活动所组成的系统，是青少年科技教育系统的重要组成部分，往往承担着大部分教育任务，是培养人才的重要基地。同时，教育孕育腹地系统也是教育中心系统的后勤基地，为中心系统提供大量的人员和资源等方面的支持。教育孕育腹地系统的形成是中心系统构成要素外移的结果，所以教育腹地系统的发展水平往往相对落后于教育中心系统。以县（或区）域教育系统为例，由于县城所在地一般是教育中心系统所在地，其他乡镇等一般构成了教育孕育腹地系统。县城的学校教育和科普活动一般相对较发达，而其他乡镇往往是没有科普活动场所的。相对于教育中心系统，教育孕育腹地系统具有水平低、发展不完善、结构松散等特点，因此教育孕育腹地系统常常在科技教育发展过程中不受重视。

（3）青少年教育协作网络系统。教育协作网络系统是连接教育中心系统与教育孕育腹地系统的各种教育联系统。[67]教育协作网络系统以信息网络、交通网络为依托,把教育中心系统与教育孕育腹地系统的信息、人员、资金、物资等诸多教育要素连接成有机的交流网络。正是由于教育协作网络系统的存在,教育中心系统与教育孕育腹地系统才有可能真正集成到特定的教育系统中来,使得科技教育系统各组成部分之间相互沟通、相互连接、彼此整合,从而形成一个有机联系的系统。目前,科技教育存在条块分割的缺点,在构建运转良好的教育协作网络系统方面还存在许多障碍,对科技教育发展造成了一些不良影响,这需要引起我们的重视。

从科技教育活动特征角度来看,青少年教育中心系统、青少年教育孕育腹地系统和青少年教育协作网络系统构成了一个相对完整的教育系统。这对我们分析思考青少年科技教育系统的发展乃至科普活动机构的布局有很大的帮助。

2. 从科技教育功能构成角度分析青少年科技教育系统的构成

(1) 青少年科技教育教学活动主要由青少年科技教育系统的人才系统开展。人才培养系统是由各级各类中小学、中等专业学校教育、技工学校教育、中等职业培训、高师院校等各个子系统组成。人才培养的各个子系统的基本要素至少应当包括四个方面:教育者及其活动、受教育者及其活动、教育内容和教育影响。青少年科技教育人才培养系统是具体从事科技教育实践活动的系统,这个系统所具有的特点与规律在不同的社会和不同的教育系统中表现出了很大的共性。

(2) 青少年科技研究系统是人才培养系统重要服务支撑体系,也是整个系统的支撑体系。青少年科技研究系统对科技教育系统及其所处的环境进行研究,包括科学研究和技术研究两大块。青少年科学研究主要研究内容涉及科学教育观念、科学教育理论的创新、科学教育制度的创新、科学教育组织创新、科学教育内容创新、科学教育技术创新等。青少年科技研究对青少年科技教育所涉及的主体、客体、资源、内容、制度、机制等进行研究,开发出分层次、分模块、有效协调、高效发展的科技教育创新系统,对整个科技科学教育系统有着重大意义,是推动科技教育向前发展的重要动力。各级各类中小学科技教育教研工作开展得不够深入,一直是制约教学改革和教学质量提高的重要因素之一。实践告诉我们加强科技教育科研研究系统建设是科技教育发展的必然要求。

(3) 青少年科技教育资源系统是从事青少年科技教育活动的基础,是发展青少年科技教育的保证。青少年科技教育资源有广义和狭义之分。广义的青少年科技教育资源系指与青少年科技教育活动密切相关联的各种教学设备、图书资料、土地、建筑物、教职工数量、专职研究人员以及各项管理活动等一切人、财、物的总和。狭义的青少年科技教育资源仅指教学设备、教育经费等。本书从狭义青少年科技教育资源的定义出发,把青少年科技教育资源系统分为土地资源、校舍资源、资本资源、设备资源等子系统。因为人力资源和智力资源分别包含在科技教育各个子系统当中,并在各子系统中发挥作用。

（4）青少年科技教育调控系统主要通过利用法律法规、行政、经济以及教育规律等各种调节、控制手段，对影响青少年科技教育发展的主要因素进行调节和控制，从而协调青少年科技教育系统内部和外部的关系，以达到完善青少年科技教育系统的目的。青少年科技教育调控有人为调控和环境调控两种基本的调控方式。人为调控是管理者根据教育规律对科技教育系统进行调控，如教育行政部门通过制定法规、政策等对教育系统进行调控；环境调控则是教育系统的外部环境根据教育是否满足其需要或者是满足其需要的程度来改变对教育的输入水平而实现的调控，一般带有市场调节的性质。人为调控具有自觉性、主动性、宏观性等特点，而环境调控则具有自发性、微观性等特点。[68]

（二）青少年科技教育系统的利益相关人

科技教育系统是一个人工系统，是以特定区域内人们的科技教育活动为中心，按照人类的理想要求建立的系统。在科技教育活动中，存在众多利益相关人，他们可以是政府、学校、受教育者、社会公众等。根据各利益相关人的科技教育系统中发挥的作用不同，各利益相关人可分为科技教育发展主体、科技教育教学主体等。这些利益相关人都会直接或间接影响科技教育系统的发展。只有合理地协调这些利益相关人的利益，科技教育系统才有可能稳定健康的发展。

1. 青少年科技教育发展主体

青少年科技教育发展主体是对青少年科技教育负主要责任的主体，一般情况下青少年科技教育发展主体是政府。在我国，政府在青少年科技教育中扮演着发展主体、投资者、管理者等多种角色。随着市场经济的发展，这些角色出现了分离，但是政府作为青少年科技教育发展主体的角色和管理主体角色仍然没有改变。作为青少年科技教育发展主体，政府在青少年科技教育系统发展过程中主要承担如下任务：制定科技教育制度和发展方针、政策，提供教育经费，调控科技教育系统的发展。作为教育管理主体，政府主要是对特定科技教育发展的运行进行日常管理。

2. 青少年科技教育教学主体

科技教育教学主体包括教育者和受教育者。由于科技教育的特殊性，往往要求教育者具有一定的理论水平和实际操作的技术技能水平。科技教育受教育者是一个比较复杂的群体。

从以上分析中，我们可以得出如下结论：科技教育系统的发展离不开各利益相关人的努力，在发展科技教育过程中需要合理地平衡各利益相关人的利益。

二、科技教育系统的外部环境

青少年科技教育系统的外部环境是指围绕或存在于某一特定科技教育系统外的各种因素组成的外部世界。各种科技教育系统的产生和发展不仅取决于它自身结构的历史演化,而且还取决于它所处历史时代社会环境和自然环境的影响。[69]

(一)科技教育系统的外部环境的形成与发展

科技教育的形成需要一定的外部环境。18世纪前,人类社会还处于以手工业生产为主的阶段。18世纪60年代至19世纪40年代,发生了第一次科学技术革命,推动了产业革命,引起了社会产业结构的变化,使社会从农业社会进入农业-工业社会。

19世纪中叶,电力的广泛应用标志着第二次科学技术革命的发生。这次科学技术革命使电力技术应用于生产、生活、通讯等广泛领域。先进的资本主义国家如美国、德国、奥地利及瑞士等国,都开始了国家学校的改革。为了培育一批可以从事大生产的"受过教育"的工人、技师、工程师,办起了各种新型的职业学校、专业学校、技术学校,出现了要把科学技术教育变成普及教育的趋势。

第三次科学技术革命的理论基础是相对论、量子力学、系统论、信息论、控制论的创立,在技术发展方面以微电子技术、信息技术、生物工程技术、海洋工程、航天技术等得到广泛的应用为标志。这次科技革命推动了高等科技教育的产生和发展。

从发展轨迹来看,跟科学技术进步及其在生产领域中的应用程度密切相关。科学技术进步及其在生产领域中的应用程度是影响科技教育生存和发展的最重要的外部环境之一。科学技术进步及其在生产领域中的应用程度决定了一个区域的社会发展形态、产业结构、经济发展水平,从而决定了科技教育生存和发展的环境。[70] 从我国不同区域的发展情况来看,在沿海科学技术比较发达、工业发展比较快的地区,科技教育生存和发展的外部环境(包括政治、经济、文化等)比较好,而在内陆农村和偏僻山区,科学技术比较落后,手工生产情况较为普遍,发展的外部环境还需要进一步改善。这说明科技教育存在的环境不同,科技教育也具有各自的特点。但是,一个地区的科学技术水平是一个动态的过程,同时由于人力资源的流动性,所以发展科技教育不是静止的,不能只着眼于本区域科技水平,一定要立足本地,面向未来,面向全国,面向世界。科技教育的发展不仅要和区域环境变化相适应,也应考虑全国乃至世界环境的变化因素。

（二）青少年科技教育系统的外部环境要素

青少年科技教育系统的外部环境要素主要有自然环境、政治环境、经济环境、社会文化环境、人口环境等。这些要素既单独与科技教育系统发生关系，也作为一个整体的环境系统与青少年科技教育系统发生关系。作为一个整体的环境系统对科技教育的影响也存在整体性、结构性、系统性的影响。例如，区域社会发展水平制约了科技教育的发展水平，区域社会的独特个性也决定了该地区青少年科技教育的独特个性。

1. 自然环境

自然环境主要是指自然条件，包括地形、气候、水文、生物、土壤等各种要素，自然环境是青少年科技教育资源配置的物质基础，影响着青少年科技发展的成本。例如，学校建设布局、校址选择、校园用地征用，都会受到自然环境的影响。一般而言，优越的地理环境往往容易被建设成政治、经济文化中心，从而为教育的发展提供良好的条件。相对不利的地理环境则有可能制约教育的发展。自然环境还影响学校环境和生活质量，优美的自然环境能营造一种宁静的学习氛围。自然环境还会影响教育效率和教学内容。

2. 政治环境

政治环境包括政治思想、法律、政策、政权组织方式等。政治环境对中等职业教育的性质、社会地位、发展方向、教育思想、教育政策、教育管理、教育制度、教育资源、教育内容等都会产生深刻影响。政治因素制约科技教育的途径主要有法律手段、政策手段、行政手段，这种影响是直接的、深刻的、普遍的、权威的。

3. 经济环境

经济环境是青少年科技教育发展的物质基础，也是影响青少年科技教育发展的最直接、最深刻的因素之一。区域经济不仅是青少年科技教育所必需的物质条件，也是青少年科技教育的发展速度、规模和水平的重要影响因素。同时经济发展对人才的需求很大，而这种需求是推进青少年科技教育发展的动力。

4. 文化环境

从青少年科技教育发展的角度，文化环境主要是指区域文化，即区域社会在长期的历史发展过程中形成的具有区域特色的文化形态，主要包括传统文化、技术文化、外来文化等。区域文化对青少年科技教育的影响不像经济、政治那样明显、直接，但是也有一定的影响。首先，传统文化对青少年科技教育的价值认同、教育组织、教学方式等方面产生了广泛的影响。我国传统教育有些轻视技术和技术教育，对青少年科技教育发展不利。其次，文化是青少年科技教育重要内容之一。再次，文化是区域教育发展的重要精神基础,青少年科技教育必须要从区域文化中吸取营养。

5. 人口

青少年科技教育的对象是人,区域人口是青少年科技教育存在的必要前提。总体而言,区域受教育人口的数量决定了科技教育的规模,区域人口的年龄结构和文化程度影响着科技教育存在的形式及其发展的质量,区域人口的地理分布也在一定程度上决定着学校的地理布局。

三、青少年科技教育系统运作机理

(一)青少年科技教育系统基本运行过程

1. 青少年科技教育系统内部活动

从青少年科技教育系统的运行方式来看,青少年科技教育活动应包括教育实践活动、教育调控活动、教育研究活动、教育后勤活动等。教育实践活动,也就是人们习惯所指的教育活动,并主要由人才培养子系统来完成。教育研究活动、教育后勤活动分别是由教育研究、教育资源两个子系统来完成,是为青少年科技教育系统顺利运行服务的,并不是青少年科技教育活动最核心的组成部分。教育调控活动主要是通过青少年科技教育调控系统对整个青少年科技教育活动进行调节、控制和管理的活动,包括教育思想、教育目的和教育政策的确定,以及与之相适应的教育体制建立、教育机构设置等。教育调控活动规定了教育实践活动、教育研究活动、教育后勤活动等教育活动的方向。

2. 青少年科技教育系统与环境的相互作用

联合国教科文组织教育总干事查尔斯·郝梅尔(Charles Hummel)曾指出:"教育的前途更多地取决于外部条件而不是教育系统的内部因素。"[71]青少年科技教育系统也是具有特定社会功能的系统,也会对社会经济的发展产生重要的影响。从总体上看,青少年科技教育系统与环境的相互作用主要表现在输入和输出两个方面,包括该系统各子系统及总系统、环境的相互作用关系。

(1)青少年科技教育系统外部环境的输入。青少年科技教育系统外部环境的输入是青少年科技教育系统存在和发展的必要条件。外部环境中的政治因素、经济因素、文化因素、人口因素、自然因素等都是青少年科技教育系统的输入源。青少年科技教育正是从这些输入源中获得物质、信息、人员等资源,才得以生存和发展。

青少年科技教育系统外部环境的输入,从类型上来看主要表现为物质输入、信息输入、人员输入等方面。物质输入主要包括物质形态的物质输入和经费输入，物质输入是青少年科技教育系统存在的物质条件；信息输入主要体现为各种形式表现出来的社会期望和要求，如知识、技术、思想价值观念、人才需求信息等。青少年科技教育系统只有具备灵活、有效的信息输入渠道，才能实现与环境的协调发展。人员输入主要包括教育人员输入和学生输入两个方面。教育人员输入主要包括教师、教育工作人员（如行政人员、研究人员等）。教育人员输入关系到教育事业的整体发展，教育人员队伍的建设工作是青少年科技教育成败的关键因素之一。学生输入是教育系统存在的条件，并受制度性因素影响较大。青少年科技教育系统只有从外部环境中输入必需的资源才能得以生存和发展，但是外部环境对青少年科技教育系统的输入不是无条件的。只有青少年科技教育系统功能可以有效地发挥出来，并能满足外部环境的需求，这种输入才能持续下去。

（2）青少年科技教育系统对外部环境的输出。青少年科技教育系统的输出是其教育功能的表现，不仅会影响环境的发展，而且也会影响到系统自身的发展。青少年科技教育系统的输出从内容上来看主要是人才输出和知识输出。人才输出是青少年科技教育系统的主要功能，青少年科技教育系统通过输出满足社会需要的技能型人才，推动社会的发展，改变社会经济的面貌，这是青少年科技教育系统得以存在和发展的重要原因。知识输出主要体现为青少年科技教育系统通过对社会经济的研究工作输出自身创新的知识，同时教育培养的人才具有知识附带和知识创新。不管是人才输出还是知识输出，都不是青少年科技教育系统某一子系统工作的成果，而是青少年科技教育各子系统在相互交流过程中共同取得的成果，这就要求对青少年科技教育系统进行优化，使各子系统协调发展以吸引外部环境更多的输入。

从上述青少年科技教育系统与环境之间的输入和输出可以看出，青少年科技教育系统与外部环境的相互交流、相互作用是科学系统生存的基本状态，也正是这种相互交流和相互作用使青少年科技教育系统与外部环境构成了一个动态变化的有机整体。

（二）青少年科技教育系统基本要素的运行

青少年科技教育系统具有开放性，说明这一系统的基本要素应当包括系统环境，我们称为教育环境；青少年科技教育系统具有目的性，说明这一系统的基本要素应当包括系统目的，我们称为教育目的；青少年科技教育系统具有整体性，说明这一系统是由相互作用的要素共同构成的，这些相互作用的要素是一个个教育者和受教育者。所以，根据区域教育系统表现出的性质，我们可以把它的基本构成要素确定为教育环境、教育目的、教育者和受教育者。

1. 教育环境

青少年科技教育系统环境是青少年科技教育系统的必要构成要素。青少年科技教育系统是一个开放系统,并与环境发生着物质、人员或信息交换关系。青少年科技教育系统与外界环境之间存在重要的联系,它是在与外界环境的互动、交流过程中不断地发展、完善的。因此,所有的青少年科技教育工作者都应该重视环境的重要作用,在青少年科技教育工作中,要充分考虑环境因素,如经济、技术、社会、政治、伦理等在工作各环节中造成的影响,确保青少年科技教育系统的内外要素间的协调发展。

2. 教育目的

教育目的也是青少年科技教育系统的一个基本要素。青少年科技教育探讨的是青少年科技教育把受教育者培养成什么样的人的问题,是青少年科技教育培养人的总的质量标准和目标追求,一般应包括社会价值和个人价值两个部分。青少年科技教育的教育目的对不同的对象有不同的意义。对此,前面已有所论述,此处不再赘述。

3. 教育者和受教育者

系统组成要素应当是相互作用的,或者说是耦合的。在青少年科技教育系统中,教育者和受教育者时两个相互作用的要素。其中教育者是指承担青少年科技教育的责任(包括直接承担者和间接承担者)和施加青少年科技教育影响的人,包括各级青少年科技教育管理人员,专职和兼职的青少年科技教育教师,校外青少年科技教育机构和青少年科技教育团体的工作人员等。受教育者是承担学习责任和接受教育的人,青少年科技教育的受教育者大多属于中小学阶段的学生。教育者和受教育者之间的相互联系和相互作用构成了青少年科技教育系统及其运行模式,这种联系和作用是通过系统的内部结构。在教育的过程中,教育者领导受教育者,以实现教育目的;受教育者作为独立的个体,有自己的主观能动性,又反过来影响教育者的教育行为和教育目的的最终达成。

教育环境决定教育目的,教育目的体现着一定历史时期青少年科技教育的本质并决定了教育者和受教育者的活动方向,教育者和受教育者相互作用、相互影响,推动青少年科技教育目标的实现。这几个基本要素相互结合、相互作用,共同推动青少年科技教育系统的运行和发展。

第四节　青少年科技教育运行的现状调查与分析

一、青少年科技教育调控系统

青少年科技教育调控系统主要通过法律法规、行政、经济以及教育规律等各种调节、控制方式,对影响青少年科技教育发展的主要因素进行调节和控制,从而协调青少年科技教育系统内部和外部的关系,以达到建立、完善青少年科技教育系统的目的。[72]各调控因素之间相互作用、相互影响,共同影响着青少年科技教育的发展。以下是关于影响科技教育的主要调控因素的现状分析。

(一) 传统文化价值观和"传统哲学"科学观的制约

我国的某些传统文化的观念在深层次上影响着科技教育的发展。从我国传统文化来看,治理社会的主流思想是儒家学说。儒家学说向来"重义轻利",推崇"天人合一",在其理论中不存在一个与主题无关的客观的自然界,这样人们的认识对象自然而然地就指向了作为主体的"人"自身。[73]建立在传统科学哲学科学观基础上的科技教育也表现出了以知识为中心,强调知识和技能的训练,重视科学实用性和工具性的价值取向。随着时代的进步,20世纪以来科学哲学取得了很大的进展,但从理论层面来看,我国的青少年科技教育仍然缺乏前沿科学哲学研究成果的方向性指导。综合来看,我国传统文化和科学哲学观对目前的青少年科技教育的影响是巨大的、深远的、持久的,也使得我国青少年科技教育改革与发展的过程中需要突破更多的未知阻碍。

(二) 科技教育政策法规与体制在落实层面的乏力

法规和制度健全是科技教育稳定、健康、持久发展的根本保证。历史发展证明,科技教育受所处时代社会政治力量的影响。国家政策和制度无疑是影响科技教育发展的重要手段。

1994年12月,中共中央国务院颁布《关于加强科学技术普及工作的若干意见》,首次在我国出现"科学文化素质"和"科技素养"的概念。《关于加强科学技术普及工作的若干意见》指出,"从科普工作的对象上讲,要把重点继续放在青少年、农村干部群众和各级领导干部,要努力发挥教育在科普工作中的主渠道作用,结合中小学教育改革,多形式、多渠道地为青少年提供科普活动阵地,培养他们的思维能力、动手能力和创造能力,帮助他们树立正确的科学观、人生观和世界观"。2002年6月,第九届全国人大常委会第二十八次会议审议通过《中华人民共和国科学技术普及法》,提出"科技馆(站)、科技活动中心和其他科普教育基地,应当组织开展青少年校外科普教育活动。科学研究和技术开发机构、高等院校、自然科学和社会科学类社会团体,应当组织和支持科学技术工作者和教师开展科普活动,鼓励其结合本职工作进行科普宣传;有条件的,应当向公众开放实验室、陈列室和其他场地、设施,举办讲座和提供咨询"。[74] 2006年3月,国务院发布《全民科学素质行动纲要》,该纲要突出了中小学科技教育发展的重要性,提出了未成年人科学素质提升的任务、落实措施、科技教育与培训基础工程的实施以及为完成任务的保障措施。这些政策文件是新时期加强青少年科技教育的纲领性文件,既为青少年科技教育系统的顺利实施提供了支持,也促进了社会科普、科学出版、网络普及的发展,改善了青少年科技教育的社会条件和氛围,对于青少年科技教育全面协调可持续发展具有重要指导意义。

教育行政部门对青少年科技教育的实施状况具有管理、鉴定、改进、激励等功能。我国各级相关行政部门充分发挥行政职能,建立了相应的激励评价机制,对于促进青少年科技教育可持续发展起到了极大的推进作用。2008年以后,全国许多省市制定了当地的《青少年科技教育示范学校考核评分标准》,为青少年科技教育实施成效提出了切实可行的评价标准。尽管在政策、法规和行政管理上得到了一定的保障与支持,但在制度的落实方面,离政策、法规的要求还有很大的差距。许多行政部门对学校青少年科技活动的评价只关注科技教育的成果,缺乏调动基层学校深入开展青少年科技教育的内在动机。部分地区或者学校仍存在科技教育的社会大环境支持度不够、科技教育经费得不到保障、科学教师的专业化程度低下等问题。例如,淄博师范高等专科学校自2006年开始设置物理教育(科学综合课方向)专业,以期培养掌握综合性科技知识、拥有较高科学素质、具备综合性科学课程教学能力和课外科技活动指导能力的新型小学科技专职教师。但因为山东省小学教师招聘岗位中不设科学教师岗位,在校学生又没有资格参加语、数、外等学科教师的招聘,毕业以后难以找到出路,所以该专业招了三届以后无奈停止了招生。以上种种问题说明了当前我国青少年科技教育政策法规落实的薄弱和管理制度上存在着一定的盲点。

(三)非正式学习环境的薄弱

美国国家自然基金会(NSF)的非正式科技教育(IISE)办公室资助了一个研究项目,该项目的最新报告表明,所有年龄段的人们都有机会并通过各种途径学习科学,包括节目、人为设计的环境以及日常经历。研究结果证明博物馆、媒体(如教育电视节目)、个人兴趣爱好、介绍科学知识的讲座等活动和其他非正式的环境是促进理解科学的良好方式。[73]非正式科学学习活动在学习科学方面起到关键作用,可以让人长期维持对科学的兴趣。[75]我国在非正式科技教育环境方面的建设与发达国家相比还有很大的差距,如中央电视台开播的"百家讲坛"讲座式栏目主要针对中国历史文化、中国文学;"走近科学"栏目曾在全国21个城市的中小学生中展开电视科普节目调查,调查结果表明科普节目的受关注程度排在娱乐和影视节目之后。另外,我国优秀的少儿科普作品数量仍不满足市场需求,原创质量不高;针对青少年的科普网络平台建设薄弱,很多内容缺少趣味性、互动性与游戏性;各地区的科技馆、博物馆的建设数量和质量都有待提高。

二、青少年科技教育研究系统

青少年科技教育研究是指青少年科技教育领域内的研究活动,其目的是揭示青少年科技教育的基本原理、特色和规律,从而为青少年科技教育可持续发展需要建立一套科学合理的机制,包括政策支持、课程标准、科学教材、实施策略、资源保障等方面。

(一)科技教育研究机构建设现状

1981年,中国青少年科技辅导员协会成立,该协会下设理论、组织、培训、宣传、青少中心等五个工作委员会,致力于研究、探索、普及青少年科技教育工作的理论与规律,为广大科技教育工作者提供开展青少年科技教育工作的思路与方法。2009年11月,我国教育学会科技教育分会成立,该分会是在中国教育学会的部署下,由原小学科技教育专业委员会、中学科学课程与教学研究部门、高校科技教育研究人员、高师科技教育专业等方面的专家、学者、教研员、教师组成。我国部分高等院校先后成立了科技教育研究中心、科技教育研究所和科技教育专业团队,并建立了专业的科技教育网站。[76]这些都为我国的青少年科技教育研究创造了条件,从而进一步促进青少年科技教育向纵、深两个方向发展。但总体来说,我国青少年科技教育的研究机构还处于发展初级阶段,从数量、规模到质量都无法满足整个青少年科技教育体系的需求。

(二)青少年科技教育研究的期刊建设现状

目前,我国唯一的小学科学课程专业刊物是湖北教育报刊社主办的《探秘科学课》杂志,其主要刊登关于小学科学课堂教学实践性研究论文。在中学教育方面,相应的期刊大多以分科的形式建立,为的是相对应于我国理科教学的分科教学。

比如,生物课程方面的期刊有《生物学通报》《生物学教学》;化学课程方面的期刊有《中学化学教与学》《化学教学》;物理课程方面的期刊有《中学物理教与学》《物理教师》等。由中国科学技术协会主管,中国青少年科技辅导员协会主办的《中国科技教育》杂志注重披露、分析、发布青少年科技教育工作的最新动态,但学术性不强。可以说,目前我国尚缺乏以学术研究为主的青少年科技教育刊物,关于青少年科技教育方面的研究文章一般发表于综合性教育期刊中。这种现状与当前青少年科技教育的发展趋势极不吻合,严重制约了青少年科技教育理论研究的进展。我国青少年科技教育研究也比较薄弱,需要运用系统科学的方法对科技教育进行研究,开发出分层次、分模块、有效协调、高效发展的科技教育研究创新系统。

三、青少年科技教育实施系统

青少年科技教育实施系统按照空间划分包括学校、家庭和社区环境中的实施。要实现青少年科技教育实施的可持续协调发展,需要学校、家庭、社会的共同努力,并最终促进青少年科技素养的形成。

(一)学校科技教育的实施

学校是青少年科技教育实施的主要渠道,在整个科技教育的实施系统中起着引领作用。在学校的科技教育实施系统中,课程和教学是科技教育实施的两条具体途径,两者密不可分。义务教育阶段科技教育课程主要包括学科课程、活动课程和隐形课程。学科课程以小学的"科学"、初中的"科学"或"物理""化学""生物""地理"和"综合实践活动"课程为核心。21世纪初,随着义务教育阶段新课程标准的颁布和新教材的实施,基础教育阶段科技教育的实施掀开了新的一页。科学哲学、儿童心理学理论、人本主义理论、建构主义学习理论为"探究式"科技教育提供了理论支撑。我国基础教育阶段科技教育的实施主要体现在优秀课评选活动、平时的观摩课活动、科技活动的开展中正在实践着"自主、合作、探究"的新的科技教育模式。但不可否认的是,在学校科技教育的实施仍存在许多的问题。

自2018年3月至12月,对山东省的小学科学教师、初中理科教师进行了问卷调查和访谈,发放了400份调查问卷,采用分层整群抽样的方法,在考虑了城乡差别、年龄差别、学科差别等因素前提,对课程开设状况、科学教师的队伍建设、课程课堂教学行为、学校科技教育环境建设等方面进行调查。共回收332份问卷,回收率为83%。通过调查发现,当前青少年的科技教育的课程与教学主要存在以下问题。

1. 课程开设不足

(1)关于小学"科学"课程的开设情况。通过对淄博师专建设的35所小学教育实践基地的调查发现:有11所小学不能按照国家要求自三年级开设"科学"课程,只在部分年级开设。在实际教学中,有31所学校的科学教师认为"科学"课程作为副科,没有得到足够程度的重视,经常会出现"语文"和"英语"加课时,而"科学"课时被压缩和挤占的情况。在排课时,特意把"科学"安排在上午第四节或者下午最后一节。

(2)《综合实践活动》的开设情况。2001年教育部颁布的《基础教育课程改革纲要(试行)》规定:从小学至高中设置"综合实践活动"并作为必修课程,内容主要包括信息技术教育、研究性学习、社区服务与社会实践以及劳动与技术教育,要求每周平均3课时,占总课时量的6%~8%。[91]但通过调查发现,该门课程在小学的开设率是67%,在初中的开设率是43%,初中开设此课程的比例比较低于小学。在我们带学生深入到小学进行教育实习时发现,在课程表里写着的"综合实践活动"课经常形同虚设。

(3)科技教育类校本课程的开设情况。在21世纪初国家颁布的课程计划中,对校本课程在课程体系中的比重做出了相应的规定,即由地方或学校选用或开发的课程占全部课程的10%~12%。[78]科技教育类校本课程是校本课程中的组成部分,具有其他课程所不能替代的功能和作用。调查中发现,绝大部分学校开设了一些参与比赛的科技创新类的校本课程,能够根据本地区、学校的地域文化、办学理念来开设的科学课程很少,没能较好地体现校本课程的"校本"二字的价值意义。关于科技活动的开展,当前存在的普遍问题是:行政上缺乏有效的管理机制与评价机制,科技辅导员队伍匮乏,学校和社会各项资源对科技活动的开展支撑力薄弱,青少年科技活动的开展存在着极大的不均衡状况,青少年参与科技活动的主动性不强、内容不深刻、参与面较窄等。

2. 科学教师队伍专业化素质低下

(1)科学教师的专业背景

科学教师的专业背景情况如图3.2所示。

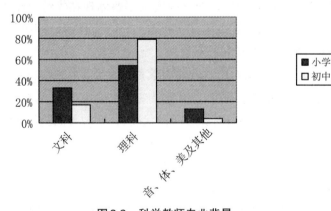

图3.2 科学教师专业背景

据调查,小学科学教师具有文科和其他文科类学科的专业背景占44%,初中科学教师具有非理科专业背景的占了21%,如图3.2所示。不具有理科背景的科学教师很难保证具有足够的专业知识和能力,他们自身的科技素养也会影响对青少年科技素养的培育,这对于科技教育的可持续发展有很大的制约作用。即使是理科背景的科学教师,由于其接受的是传统的教育,缺乏科学探究的经历,很难按照新的科技教育范式实施科技教育。

(2)科学教师的专兼职情况

当前,安徽省的小学科学教师的队伍中,有22%是专职教师,兼职科学教师的比例高达78%,绝大多数学校的课外科技活动辅导员都是兼职。通过对小学专职科学教师的深入访谈,了解到有的教师是由于接近退休年龄而被安排执教科学课,有的是由于身体原因而暂时安排执教科学课。谈到科学课教师多为兼职的原因时,多数教师反映是因为人手不够、领导不重视、缺乏专业的科学教师。学校领导则表示小学急需科学教师,但我们在历年小学新教师的招聘简章中很少发现有科学教师的岗位。在我国许多地区小学升初中的考试中,科学课占的分值低。这充分说明了小学的科技教育在义务教育阶段还处于边缘化的地位。

(3)科学教师的研修与科研情况

在调查的科学教师中,有95%的教师参与过县级以上有关新课程改革的培训。参加培训的教师大多认为很有收获,对实践有直接的指导意义的有36%;有点收获,但很难将其运用到教学实践中有61%,只有3%的教师认为没有收获。[79]2010年以来,全国和省级的骨干教师培训班突破了以往的以"讲座"为主的模式,通过观看课程视频、阅读课程文本和拓展资源、完成分配的必修和选修作业、专题研讨与交流等形式多样的参与式学习,让科学教师有了实实在在的新收获,对科学教师的专业发展有极大的促进作用。遗憾的是,科学教师的参与面较小。总体来讲,相关部门对科学教师的培训缺乏针对性、层次性、连贯性和系统性。

调查数据表明,科学教师每年正式发表或获奖的科学教学科研论文中,1篇的占了39%,2篇的为13%,仍然有48%的科学教师没有撰写或发表过论文。有46%的老师不知教学科研该从哪下手,有30%的老师认为没有时间和精力开展教育科研,说明科学教师的科研能力不强。

3. 课堂教学仍难摆脱"知识传授"为中心的教学模式

新课改后,科技教育类课程的核心理念是培养青少年的科技素养。因此,义务教育阶段的科学课堂教学发生了很大的变化。但在深入调研过程中,我们发现,当前科学类的课程的公开课和常态课之间还存在巨大的差距。

案例呈现

案例一: 孙老师于2016年10月中旬参加了山东省淄博市的科学课说课活动,课题是"静止与运动"。在2017年山区里举办的小学科学课比赛活动中,她同样执教了这节课,而且教学思路和以前的说课稿基本一致。在2018年山东省淄博市优质课评选活动中,孙老师又执教了这节课。

案例二: 张老师要参加省里的化学课比赛,他上网查阅大量资料,请人帮助制作课件,发动学生业余时间搜集教学材料,在本校所有班级进行了试教,还去别的学校进行试教。他出色的课堂表现受到同行的一致好评。而该校的教师说,平时他这节课与上的课相比,简直"判若两人"。[80]

我们深入公开课,发现执教教师往往会用很长时间打磨一节参赛课。而常态课中,仅有42%的科学教师对科学新教材上的活动(包括实验)进行较为充足的准备。当前,多数教师仍然是以传授经典的知识内容为主,对学生原有认知关注不够,较少涉及科学方法、科学精神、科学价值观以及科学本质。即使有的话,大多也仅仅停留在口号层面。我们深入在小学实习中了解到,因为新版的科学教材中涉及科学知识的叙述很少,老师需要大量从网上查找相关知识,然后抄到黑板上,再让学生把知识抄到笔记上。另外,兼职教师经常用科学课上语文课或数学课。调查表明,只有9%的教师认为学校为科学课准备的实验器材能满足需要,34%的教师认为还可以,57%的教师认为缺少实验器材。科学课程的教学改革正受到各级领导的重视、科学教师的专业化水平、班额、新教材的适应、实验设备、经费、评价等许多方面的限制和制约亟待突破。

4. 学校科技教育环境氛围的营造需要加强

当前,许多城市学校每年会制定科技教育的整体计划,注重科技文化氛围的营造。比如,建立科技兴趣小组,定期开展科技活动,举办家校联合的科技活动,设置科普宣传窗、科技作品廊、科技制作室、学生实践园地等。相比而言,小学普遍比初中要好。但在农村学校,由于投入的不足,学校教学设备落后,师资队伍老化,科技教育环境的建设是基本谈不上的。

(二)家庭科教育的实施

2006年国务院颁布的《全民科学素质行动纲要》指出:"要提高母亲的科学素质,重视家庭教育在提高未成年人科学素质中的重要作用。"[81]家庭是孩子的第一所学校,家庭科技教育的实施对孩子科技素养培育的影响是不可低估的。当前,家庭内科教育的实施主要存在以下几个问题:

1. 家长自身的科学素养极其低下

中国科学技术协会2003年的调查表明,有1/4公众仍然相信算命;38.6%的公众认为"看风水"有道理;相信特异功能的公众占20.4%;相信生命有轮回的公众占11.5%。[82]我们开展多方面调查发现,有一部分家长在家庭教育中的科学认知、科学态度和科学行为方面存在一些问题。许多家庭中存在着很多的"用餐用药误区""封建迷信""偏听偏信""不合理使用家电"等非科学行为。当孩子问家长"月亮为什么有圆缺""我从哪里来的?"等问题时,得到的答案往往是家长片面的认知,如果问的场合和时机不适宜还有可能受到家长的训斥。

2. 家长不重视科技教育

尽管我们一直强调素质教育,可大部分家长仍然只关注孩子的学业成绩、特长、能不能考上重点中学,对培养孩子科技素养则漠然视之。

 案例呈现

案例三:在一次山东省淄博市组织的科技活动复赛现场,当我们在组织学生入场时,一名初中男生的家长匆匆赶来。随后,我们看到家长和学生争执起来。经了解,是因为科技活动比赛时间和这名学生的练琴时间发生冲突。最后,在家长的坚持下,这名初中男生无奈地离开了赛场。

案例四:在学生自愿报名的基础上,一所城市小学组织了"争当小实验家"科学体验活动,需要家庭自行购买活动需要的实验箱,价格为200多元。科学教师积极动员,悉心辅导。未曾料到,一名报了名的学生家长找了校长,又去教育局反映了情况,说科学教师组织活动的主要目的是为了赚取采购实验箱的回扣。家长的行为极大地挫伤了该名教师的积极性。据负责该项活动的毕老师介绍,这名学生是自愿报名的。

孩子参加科技活动为什么会受到家长的阻挠呢?原因主要是家长对科技活动的各种认识存在误区。比如,内心轻视科技活动;科技活动所需的器材在市场上很少见,家长对实验箱价格的估计与实际价格有一定差距。

对某校初一年级学生家长的调查结果表明,约有85%的农村家长担心孩子参加小发明、小制作等活动会影响学习,学校所组织的科技活动得不到农村家长的大力支持。[83]即使作为初中理科方面必修课程,由于该课程在中考所占的分值低,在家长的心中还是被摆到了副科的位置,家长普遍认为不应在上面耗费太多时间。由于部分家长过分追求孩子的学习成绩,不让孩子参与生产劳动和家务劳动,使孩子的一些生活技能也得不到锻炼。家长这种滞后的教育观念严重影响了青少年综合素质的提高。

3. 家庭科技教育投入不足

家庭教育投入是指为子女接受校外教育补习和校外特长培训所支付的费用,包括家庭自行购买的各类教育用品费、家庭自行支出的辅导培训费、教育带来的衣食住行用费等。[84]对城市学校的一所初中和一所小学学生家长的调查结果显示,城里学生的家庭投资主要以提高学生成绩、培养各种兴趣为主。在科技教育类投入方面,家长大多鼓励孩子购买科普读物,支持孩子去科技馆、博物馆和外出旅游。在课外辅导培训方面,有43%的家庭选择英语培训;13%的家庭选择写作、书法类培训;4%的家庭选择奥数。在艺术特长类培训中,以绘画、舞蹈、音乐类为主。在农村学校,家庭的教育投入基本以提升孩子的数学、英语学习成绩为主。

(三) 社区青少年科技教育的实施

在社区中开展青少年科技教育,需要充分调动社会上相关的人力资源、物力资源和场所资源,以支持青少年科技教育活动,让青少年更多地学习与实际生活和时代发展紧密联系的科技知识,这有利于青少年对科学方法和科学探究过程有更加深入的认知,提高科技能力,更有助于青少年科学精神的培养。中国科学技术协会和科技部等部门于2003年4月联合公布的《关于加强科技馆等科普设施建设的若干意见》指出:"科技馆、自然博物馆、天文馆、青少年科技活动中心(站)、社区科普工作室(站)、科普画廊(橱窗)、科普基地等科普设施是我国面向公众进行科普宣传教育的重要阵地和基础设施。"[85]当前,社区青少年科技教育的实施还存在以下几个问题:

1. 社会青少年科技教育的实施整体上发展不平衡

通过对关于社会青少年科技教育实施的文献资料进行分析可知,对山东省而言,当前社区青少年科技教育的实施在城乡之间、东西地域之间以及校际间的发展存在着极大的不平衡。比如,山东省只有济南、淄博、青岛、威海、潍坊、泰安、临沂几个市建设了科技馆,而许多地区连市级的科技馆都没有。比如,课外科技活动开展方面,通过对近三年淄博市青少年科技活动的获奖项目进行统计,发现主要集中在张店、临淄、桓台等城市的学校。

2. 社会科技教育的实施观念保守,途径和方法单调

当前社区青少年科技教育的实施尚处于起步阶段,实施的主体比较孤立,方法和途径单一,缺乏集中管理与有效引导。国外发达地区在开展青少年科技教育活动时,十分注意吸引青少年去关心、参与有关宇宙、地球、人类的重大课题,如自20世纪80年代以来,美国广泛发动青少年参加飞机试验、举办太空飞行夏令营等活

动。[86]在我国,受各种因素的影响,各省市的青少年科技馆、博物馆、天文馆、水族馆等数量不够多,在体验方式上大都以参观、听讲解为主,互动性、体验性不足,不能给青少年提供内容足够丰富的学习实践环境。

3. 开发社会青少年科技教育资源的主体还较为孤立

目前,我国还没有形成全社会关注、支持青少年科技教育的局面。社区科技教育的实施主要是依靠学校和家长带动青少年开展,而社区的各种机构、团体、企业、厂矿等很少主动参与青少年科技教育活动。

第四章　基于核心素养的青少年科技教育课程统整

在当今的课程发展趋势中,我们环顾全球,目前,大多数国家都在推进课程改革,以适应新工业革命的发展趋势。如今,互联网、人工智能已成为人类生活不可或缺的一部分,这些科学技术不仅改变着人类的生活,更改变着人类的思想和认知习惯,也必然改变着我们的教育。它对教育的影响不仅仅是教育装备和教育技术媒介的升级,更重要的是对教育内容和课程组织形态的冲击。从目前国内外课程改革趋势来看,在"互联网+"背景下的课程统整已然成为课程改革的新追求,这种追求已从理念层面落实到了实践层面。与此同时,课程统整也是核心素养得以落地实施的有效途径和内在要求。核心素养是个体面向未来生活所应具备的各种综合性的知识和能力,这种素养具有极大的广泛性,涉及的领域方方面面。核心素养的性质就决定了学生不可能只关注一门学科或某几门学科的学习,更不可能仅仅局限于课堂内。核心素养的落地必须以一种整体性、系统性、综合性、生态性的思维对课程进行深度统整,突破各学科教材彼此孤立的状态,同时关注学生生活和社会现实,将相互分离的课程以一定逻辑统整为有意的知识联结。

在青少年科技教育活动中,学生所学内容涉及人文、历史、地理、天文、生物、物理、化学等各个领域的知识,如何在庞杂的知识中筛选出适合不同年龄阶段、不同认知水平学生所需要的科学知识,建立分层次、立体化的科技教育课程内容体系是基于核心素养理念科技教育开展的内在要求。这也凸显出了青少年科技教育课程统整的现实意义和深远价值。青少年科技教育要主动适应核心素养的要求,无论是20世纪中我们强调的双基目标,还是21世纪之初提出的三维目标,直到现在核提出的心素养理念,我国课程改革的每一步的跨越都是与时俱进的,都是教育的自身主动适应外界变化的能动反应。因此,我们目前的"课程热"要热在"核心素养"上,要热在"学生的个性上",要热在"未来需要"上,要热在"创新品质"的培育上。青少年科技教育的课程建设必须主动对接核心素养新要求,主动适应科技教育课程统整的新趋势,切实加强科技教育课程的开发、建设、整合、应用,有效引领科技教育活动的开展。

第一节 课程统整的基本理论

北京师范大学褚宏启教授指出:"课程整合是当前培育核心素养的最重要途径,即通过课程的改革来推动素养的提高。"课程统整是核心素养理念指导下课程观念革新的重要方面,也是实现核心素养落地的有效途径,核心素养的核心价值包涵了知识整合的要求。核心素养作为当前指导我国教育教学实施的新的理论和理念,要促使学生掌握实现其个人终身发展和促进社会可持续发展的关键知识、方法和能力以及与之相匹配的情感态度价值观。这也是要求课程实施实现跨学科、跨领域的有效统整,因此课程整合是核心素养的内在要求,而核心素养再次丰富和完善了课程整合的理论基础。与此同时,课程整合也成为核心素养从理念到实践真正落地的有效手段和实现载体。

一、课程统整的概念

理解课程统整的概念,首先要明确何为统整,本书将统整和整合视为同义概念。统整就是对零散的东西进行衔接重新组合,对相关知识点与其他领域的相关内容进行重新架构。当然,统整绝不是简单的排列组合,而是在新的逻辑关联上的价值再生过程。因此,我们所说的课程统整也不是习惯上理解的语文和历史等不同学科的简单相加,而是基于学科间知识联系的意义生成,甚至是重新构建一门课程的过程。除了课程内容的变化,课程统整还涉及课程目标、课程组织、课程开发、课程实施等方面的相应变革。

关于课程统整的理论基础,学术界有着不同的观点和看法。通常而言,被学者广泛认可的有以下几个理论。多数学者认为赫尔巴特的统觉理论为课程统整提供了心理学基础,与之相应的统觉教育模式为课程统整的实践提供了方法论的指导。除此之外,认知心理学家皮亚杰的认知教学理论对儿童认知心理进行了不同阶段的划分,并根据学生的认知心理特征安排合适的学习内容,主张课程内容要尊重儿童的认知发展规律。认知教学理论为课程统整的内容整合应如何估计不同发展特征的学生,应该以何种标准确定所要整合的内容是否符合学生需求等提供了教学操作指导。建构主义作为当今时代教育学的重要理论,尤其是作为新一轮课程改革公认的理论基础,对课程统整产生了重要影响。建构主义认为学生学习是在原有知识经验基础上的对知识的重新建构,并要求教师教学活动要以学生的认知经验为基础,加以合理引导,让学生理解知识的结构,从而在头脑中完成对知识的重构。建构主义的课程观是建立在对学生学习认知规律的充分认识基础上的,而对学生的认知是课程统整的基础,课程统整要建立在对学生原有知识水平认识的基础之上,并在此基础上合理选择所要整合的知识体系。

课程统整这一概念一经提出就引起了教育领域的积极响应。课程统整领域内的各种争论犹如将课程改革带入了一个战场,学者们对课程统整的讨论广泛涉及方方面面。学者们从是否需要课程统整的角度对课程、统整以及课程统整的各种概念和理论进行了阐述,比较了彼此的共通之处和差异,并对差异的形成原因进行了分析。学者们还从历史发展的角度,对课程统整的理念提出及其历史演进过程,影响当前课程统整实施的各种因素等进行了研究。关于课程统整实践领域,学者提出了各种不同的课程统整实践模式,并为学校和教师进行课程统整提供规划和指导。同时,通过对学校实施情况的研究,探讨课程统整实施的各种相关要素,并对学校课程统整的实际案例进行分析,提出更加优化的课程统整方案。通过对学者研究历程和内容的梳理,我们可以发现,课程统整的内涵不仅是一个概念,还是一个历史演进的过程。伴随人们研究的深入、对其的理解和认识不断深化,这为我们开展课程统整实践提供了更加有效的指导。

台湾学者蔡清田认为课程统整系指将两个或两个以上的概念、事物、现象等学习内容或经验,组织结合成为一个有意义的整体课程,它不只是一种课程设计的组织形态,更是一种教育理念。[87]课程统整的意义在于实现两种或多种知识,或两门或多门课程之间的融会贯通,是一个系统与部分的关系,系统的运作要以各部分知识的有机链接和整合为前提,课程统整的目的是实现课程功能的最大化,让学生最有效率地学习到更加优质的课程内容。课程统整是一种针对课程设计观念和课程实施的规划,它通过综合课程形式有序地展示出课程中特别零散的知识,使学生可以把握知识的内部逻辑,进而实现卓有成效的学习。整合在一定程度上被界定成一个学科中各个要素的连接,或是学科和学科之间,抑或是学科和社会问题之间的连接。在连接的基础上整合的课程就被称为统整课程。

美国著名学士詹姆斯·比恩在其著作《课程统整》里把课程作为学习者的经验指出,课程整合是一种课程设计的理论,它应该打破学科之间的界限,以教师和年轻人合作发现的问题或者议题为中心,通过对课程的重新组织,促进个体与社会的统整,如多学科取向的课程统整、学科与社会生活的统整,其阐述课程统整的概念时坚持以年轻人,即以学生为核心,突出以问题或者主题的形式实现跨学科甚至更大层面上课程的整合。[88]作为进步教育思想的领军人士,其更注重以此实现社会的融合。在我国,学者们对课程统整的概念划分仍有着非常明显的差异,台湾学者欧用生沿袭了比恩"课程统整"的理念,主张课程统整是课程设计的一种方法,更是完善民主社会的重要方式。这实际上是从狭义的方面升华了"课程统整"的核心要义。另外一些学者指出,课程统整的本质是根据学习者身心发展规律,把学习者在校的研修和在校外丰富的活动密切整合的课程。

统整,作为学习内容的组织模式,重点集中在学科与跨学科学习的整合上,以此巩固各学科知识间有意义的连接;课程形态的革新,极力谋求从程序性向项目型课程转化,进而推动课程转化的进程。在技术上,需要让数字技术与学习的直接联系,使数字技术化作师生教学的基础支柱,并使其覆盖教学的全过程。课程统整概念是目前社会发展、教育背景以及时代走向的必然产物,其所向往的前景是重新塑造固有的课程形式,以学习者为主体,将研习与丰富多彩的生活联系起来,关注问题策略、审辨式思维、群体配合、数冗素养、跨界沟通协作等引领潮流核心素养的优质塑造。在课程设计方面,统整课程重点从学科与主题两个方向实施设计。学科方向是以学科目标为中心,统整多元学科知识,促使学生借由跨学科学习的途径,掌握知识结构内在的关联。我们要跳出学校的"教材即课程"的小课程观,树立超越学校的大课程观,推进国家课程校本化、地方课程特色化、校本课程个性化,使学校的课程具有未来观。课程是一所学校的心脏。我们最基本的抓手就是从核心素养出发进行课程的整合与开发,建构体现学校个性的课程群和体现学生个性的课程群。

课程统整对于学校课程建设以及基于课程建设的特色发展作用突出,课程统整有助于丰富学校课程的发展内涵。学校实施基于适合学生发展的课程统整研究,使学校的发展能够从课程的高度出发,系统地架构学生在校的全部学习生活,集聚课程资源优势,放大课程效应,促进了国家课程校本化实施,丰富了学校课程内涵。课程统整能够促进学校课程的深层次变革。站在课程哲学的高度,从顶层架构学校课程,从点状孤立的课程开发转向凸显校本特色、彰显学校文化的特色课程。通过各种课程资源的统整促进资源的多维联动,并以校园主题节的聚焦式统整,架构出富有逻辑的、内在关联的课程体系,完成课程文化的创生与积淀。统整课程聚焦儿童成长,能够回应并满足儿童的学习需求,统整策略,突破学科界限,突破校园围墙,开启学生快乐学习的旅程。依托课程开发,寻找教师专业发展的新坐标。通过国家课程规划在地方学校落实以及校本课程的自主开发,可以增强学校行政课程的执行力,强化教师的课程研究意识,锻炼其自主开发课程的能力与课程实践能力,促进教师的专业发展。

二、课程统整的模式类型

课程统整模式作为指导学校进行课程统整设计的实践指南,对于统整课程实施具有重要意义。目前,国内外有关课程统整的模式很多,不同学者基于不同的角度提出了各种统整模式。有学者从统整学科的实施方式角度将课程统整模式划分为联络式统整、附加式统整、局部式统整、全面式统整、综合式统整等。[89]有学者将从统整主题的角度出发将课程统整划分为一门学科之内的课程综合化、学科之间知识的综合化、以社会所面临的问题为中心的课程综合化、以学生兴趣为中心的知识综合化。[90]

就目前我国中小学课程统整实践而言,应用最普遍的课程统整模式是学科内统整、跨学科统整、科际融合统整、超学科统整四种。

学科内统整是针对单一学科进行的统整,以原有的学科知识为基础,仍然保持分科课程的形式,以某种主题或项目为依托对学科内部相关知识进行整合,将学科内部具有一定知识和逻辑衔接的知识点纳入一个单元进行教学,从而促进学生对相关知识的整体理解。

跨学科统整是指学科间的统整,但仍主张分科教学,通过大章节的设计确定章节主题为中心,其余学科则辅助讲授关联紧密的主题,最终实现各学科知识体系的联结。首先进行知识点梳理,其次进行相关主题或知识的联结统整设计,再次进行目标的制定,最后通过课堂实践构建适宜的课程模式。[91]

科际融合的统整即基于主题的跨学科教学,由课堂教学中不同学科教师合作上课,用不同学科的表达方式聚焦于同一教学主题,聚焦学科素养的培养,在具体实施中可以由教师共同上课。[92]

超学科统整即不以学科为界限,其内容扩大到儿童的生活世界、兴趣和需求,设计主题让儿童进行探索。[93]

第二节 基于核心素养的科技教育课程统整的原则

青少年科技教育课程并非是传统意义上的一门课程,也不可能单纯地通过课堂教学就完成其教育目标。青少年科技教育绝非上好一门科学课这么简单,科学的无穷性、广阔性,决定着科学知识的涉及范围是十分广泛的,青少年科技教育的内容是涵盖人文、历史、地理、自然、生物、物理等多个领域的,需要对各种知识进行统整,为学生呈现一个综合性的知识框架,帮助学生获得对科学知识更全面的认识和体验。目前,青少年科技教育课程的开展存在诸多问题,如对于青少年科技教育课程理念认识不到位,将其简单等同于科学课;在课程内容上依赖课本,重视知识的讲解,忽视学生能力的培养;在课程实施过程中主要通过课堂教学进行,课外活动实践流于形式;某些学校将科技教育课程的实施效果与各类比赛相挂钩,将科技教育变成了面向小部分学生的竞赛培训,而忽视了科技教育是面向全体学生的基础素质教育,等等。

因此,从科学理念上对青少年科技教育课程体系进行统整迫在眉睫,课程统整需要综合考虑各方面的要素,对其进行科学分析。总的来说,需要遵循以下几个原则:

一、注重核心科学素养的养成

当前,科学技术日新月异,科学技术迅猛发展,尤其是跨学科领域的科学成果在推动技术革新、改变人类生活中发挥的作用尤为突出。在此背景下,新时代科学技术的发展更加关注跨学科的研究,科学完全超越了学科彼此分离的状态,打破了学科藩篱,各种学科间的融合化、综合化发展已成为主流趋势。核心素养的理念就是要促进学生个体完整性的发展,要发挥各学科综合育人的功能,通过对跨学科知识内容的重新组合,综合各种学习资源,实现学生素养的全面提升。正如美国科学教育专家约翰·斯塔韦尔所说:"完善的科学教育都强调科学是认知方式和认知体系的统一体,主张将科学探究与科学知识学习视为一个不可分割的主体。"[94]因此,青少年科技教育并不是简单地将科学课和综合实践活动相加,而是要以科学素养的发展为目标,对相关学科知识进行科学的统整和再设计,并整合各种科学教育资源,实现培养学生初步科学素养的综合性教育行为,在学习过程中掌握科学知识、发展科学探究能力、养成科学态度,从而为终身学习奠定基础。早期的科技教育对一个人的科学素养的形成具有十分重要的作用。在青少年科技教育的实施过程中,应充分认识到青少年科技教育的实施并非为了科学知识的简单灌输,重点是要通过科学探究活动培养青少年的科学创新思维,锻炼科学实践能力,养成尊重事实、乐于探究的科学态度。

二、面向全体学生

青少年科技教育是提高国民素质的基本课程之一,其并非精英教育,不是面对少数学生的提高性的教育,也不等同于兴趣小组、竞赛活动等,而是面对全体小学生的基础性的素质教育课程,是每个学生都要学习的内容。对科技教育而言,我们要面向全体学生开展教育，要让每一名学生都能公平公正地获得其在科技活动中的人力资源、物力资源、财力资源和信息资源等。青少年科技教育还应关注学生在性别、性格、学习能力、兴趣爱好、家庭背景等方面的差异，有针对性地实施教育，因材施教；还应关注地区差异，根据不同地区的自然环境、生活环境、文化背景差异，结合当地的特色资源开发地域性课程，让科技教育与生活紧密相连。在充分考虑个体差异、地区差异的基础上，选择适宜的内容和教学方式，为全体学生提供适合的、公平的学习和发展机会。

三、强化实践探究性学习

顺应时代呼声，我国学生发展核心素养在社会参与领域提出要求学生能够正确地处理自我和社会的关系。其中在实践创新方面，要求学生从日常活动中，立足现实生活发现问题、解决问题，适应不同的挑战，发展自身的科学实践能力。青少年科技教育具有极强的实践性，科学素养中科学精神、科学态度、科学伦理、科学意志、创新能力等的获得都需要在实践活动中以锻炼和养成。因此，在青少年科技教育的统整过程中应突出课程的实践性，综合运用课堂教学、课外实践、社会资源等多种教学途径，让学生多看、多想、多做，在动手操作的过程中习得科学知识，锻炼各方面能力，养成科学态度。探究性学习是学生进行科技学习的有效途径，也就是课程统整在教师的指导、组织和支持下，基于学生的自身和社会经验储备，积极组织、主动参与、自主管理、教育体验，拓展学生的创新精神和实践能力，以最终习得科学素养、升化科学精神、运用科学方法为主旨的模式。

四、强化课程的综合化

青少年科技教育课程体系具有综合性，主要体现在课程目标的全面性、课程内容体系的复杂性和教学途径、方式的多元性。在课程体系的统整过程中，应该根据青少年科技教育的目标，按照课程统整的要求，选用科学合理的课程统整模式和方法，避免一味地求多求变，而是要综合考虑社会需求、科技教育的课程性质、学生的学习特点等来进行优化和组织，要以学校所处的社会、文化环境以及学校的特色优势为基础，整合学校、社会等各种科学教育资源，实现课程资源的统整，从而更加有效地落实科技教育目标。

（一）课程目标的综合化

青少年科技教育课程的目标设定一般应综合考虑三个维度，即认知领域、情感与态度领域、能力与技能领域,并注意各领域间的联系。具体而言,要根据核心素养的理念要求,从科学知识的教育、科学探究能力的培养、科学态度的形成、科学技术的实践应用等方面综合设计青少年科技教育课程目标,发挥课程目标的指导作用,以活动和探究为主,促进学生科学素养各领域的综合发展,从而实现青少年科技教育活动效果最大化。同时,青少年科技教育课程目标的设计还要实现科技知识与学生生活和社会体验的有效连接,目标的设计要以学生已有的知识经验为基础,要符合学生现有的认知水平和学业水平状况,同时还要关注学生的最近发展。具体而言,要针对不同年级的青少年设计不同的课程目标。例如,在科学知识学段目标中,一、二年级的目标要求贴近学生的生活,充分利用常见物体、常见材料培养学生的观察能力、语言表达能力和初步的分析能力;三、四年级增加力、能量等科学知识,对学生的动手能力、综合分析能力、理解能力提出要求;五、六年级增加物质的变化、能量转换等知识内容,学习难度进一步增大。

(二)课程内容的综合化

青少年科技教育的关键是促使学生习得科学素养,其不是只会某个内容就可以实现,而需要经历综合性的知识和能力的学习过程才能够实现。青少年科技教育课程体系的内容既包括科学、现代信息技术、劳动技术、综合活动课程等,也包括渗透于语文、数学、英语、品德等课程中的科技教育内容,如数学课程中,学生的数学思维能力的培养就属于科技教育的范畴;语文课程中,学生的理解能力、表达能力的培养也属于科技教育的范畴。因此,我们对于小学科技课程体系内容的理解应该更为宽泛,拒绝狭隘化。

在对庞大的内容体系进行统整时,还应考虑到内容的综合化并不是对所有青少年科技教育的内容进行简单的堆砌,而是根据学生的学习特点和科技教育的目标要求进行筛选、整合,根据科学知识的体系或活动主题对内容进行有序化整理,以保证青少年科技教育课程实施的效果。例如,物质科学领域学习的主要知识点如图4.1所示。

(三)课程实施途径的综合化

青少年科技教育的实施途径多样,包括课堂教学、课外活动小组、社会实践活动等多个方面,学习的场所也不局限于教室、实验室,还有校园、家庭、社区、公园、田野、科技馆、博物馆、青少年科普教育实践基地等场所。在进行课程统整时,应充分考虑不同课程实施途径的综合运用,通过多方协作来激发学生学习科学的兴趣,使其感受到科学探究的趣味。

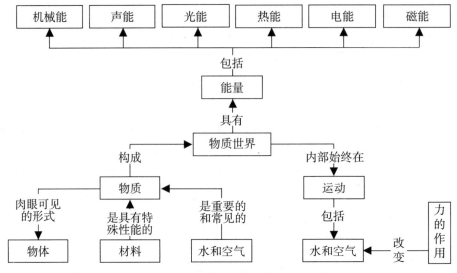

图 4.1 物质科学领域学习的主要知识点

第三节 基于核心素养的科技教育课程统整的要素

在课程统整方面,比恩认为课程的统整包括四个维度:经验、知识、社会、课程设计。借鉴比恩的观点,结合青少年科技教育课程本身的要求,在这里将青少年科技教育课程统整的要素确定为社会要求、学生经验、学科知识、教学环境四个方面。

一、社会要求

课程统整需要考虑的第一要素是社会的要求,其受到社会政治制度、经济体制等因素的影响,对于人才的培养规格也有相应的要求。随着科学技术的进一步发展,社会经济生活中对于科学技术的依赖程度逐渐增大,青少年科技教育的目标和内容也随之变化。

青少年科技教育课程是培养学生科学素养的主要途径,应当符合当前社会对于学生科学素养的基本要求,完成我国学生科学素养的培养目标。在进行青少年科技教育课程统整时应对相关政策、法规进行详细的解读,依据相关政策、法规要求来进行课程的组织。

青少年科技教育的课程统整应该符合当前基础教育改革的新理念,改变课程偏重知识传授的倾向,重视培养学生积极主动学习的能力,倡导其主动参与、乐于探究、勤于动手,培养其收集和处理信息、获取新知识、分析和解决问题以及交流与合作的能力。

青少年科技教育课程统整方面也应考虑社会发展对于科技人才的培养需求。在青少年科技教育课程统整时也应考虑社会对于个体科技素养的需求,在课程的统整过程中要结合社会需求,根据当前社会经济、文化的发展,考量当代社会对于国民科技素质的普遍要求,将其列入课程统整的重要考虑要素。

青少年科技课程教育课程统整要具有前瞻性。教育是一个长期的过程,人才培养目标的实现需要一定的时间,所以在青少年科技教育课程统整方面,既要符合当前社会发展对于科技人才培养的需求,又要具有一定的前瞻性,从而能够为未来社会科技发展提供人才保障。

二、学生经验

传统意义上的课程组织中存在三个要素:学习者、教育者和教育情境。其中学习者是课程组织的出发点和归宿点,是课程组织的核心。在课程组织的过程中,一定要了解、分析学习者的年龄特征;在遵循学生学习特点的基础上,兼顾不同学生的要求。

1. 课程的统整应满足学生的发展需求

科技教育课程统整时应该以学生发展为中心,关注其学习兴趣,了解其学习需求。学生是课程的主体,在课程统整过程中应充分考虑学生的兴趣、需要、生活经验等,从学生的兴趣点中来寻找课程统整的契机,根据学生的发展需要创设适宜的教学环境,凸显学生在课程统整中的主体地位。

2. 课程的统整应贴近学生的生活

我国的青少年科技教育课程遵循国家课程、地方课程和校本课程的三位一体的课程体系,其中校本课程在科技教育中发挥了重要作用。很多学校结合自己学校的实际情况,因地制宜地开展了丰富而有效的科技教育活动,如有的农村小学利用自然资源开展昆虫教育的科学特色活动,有的学校开展机器人教育活动,都取得了很好的效果。

3. 与学生的已有经验建立联系

在科技教育中,通过选择与学生现实生活经验相联系的内容,较好地将学生的兴趣与当前的经验整合起来。在课程统整中,也应关注学生的已有经验,让学生通过学习将新经验与已有经验联系起来,从而帮助学生更好地理解新经验,应用新经验。

4. 关注学生的学习特点

探究学习是学生学习科技教育课程的主要学习方法之一，在课程统整过程中要根据学生探究学习的特点，从学生生活中寻找问题，创设情境，引导学生分析问题、解决问题，在此过程中培养学生对于科学探究的兴趣，锻炼他们发现问题、解决问题的能力，形成正确的科学态度。

三、学科知识特点

青少年科技教育课程的核心目标就是学生初步科学素养的养成。国际上普遍认为，基本科学素养的主要内涵包括以下三个方面：一是对科学知识达到基本了解的程度；二是对科学方法达到基本了解的程度；三是对科学技术对社会和个人所产生的影响达到基本了解的程度。在课程统整方面要结合目标要求，围绕科学素养的培养要求，选择合适的学科内容。

1. 尊重学科知识的系统性

科技教育所包含的内容极其庞杂，涉及数学、物理、化学、信息技术、劳动技术等多个学科。在课程统整过程中既要根据目标要求选择合适的内容，又要考虑到各学科知识的内在联系和系统性，重视学科重要概念和基础性知识的学习；还应考虑各相关学科的联系性，在进行知识的整合重组时，要谨慎地处理分科和统整的关系，对于某些知识可以打破学科界限围绕一个主题进行有机结合；有些对于学生来讲是应该且必须学习的内容，但又无法或不好统整进某一主题的学科知识，就可以采用分科学习的方式。拒绝为了统整而进行无意义的、不顾学科特点的知识拼盘。

2. 围绕主题进行有效的学科知识整合

我国基础教育改革过程中重视课程结构的均衡性、综合性，在青少年科技教育课程统整过程中也要注意学科知识的整合，以主题为中心进行整合课程是很多课程改革中常用的方式，也有丰富的经验可以借鉴。

青少年科技教育课程统整以主题为中心，对科技教育中的多学科知识进行分化、整理、整合，打破学科的界限，根据学生的学习特点来进行重整，能够更好地体现青少年科技教育课程统整的理念。

主题的选择是课程统整的关键。主题可以从学生生活以及社会中的事件中进行选择，关注学生的学习兴趣与经验，选择与主题相关的科技教育的基础知识和技能，进行课程的整合、架构。

四、教学环境

教学环境是课程组织中的重要媒体,也是实现教育目标的媒介,广义上来说教学环境包括教育方案或教材、教育环境等。青少年科技教育课程的教学环境主要包括校内环境和校外环境两部分,校内环境主要是指师资队伍、教育方案、教材、活动手册、实验室、网络资源等;校外环境包括科技馆、博物馆、文化馆等科技类公共场所。

1. 青少年科技教育的课程统整应该重视教学内容的时代性和地域性

科技教育的内容既要符合时代的要求,也要结合地域文化,并进行统整。青少年科技教育同样担负着传承民族传统文化的重要任务,在课程统整的内容选择方面,既要关注科学技术发展过程中的新知识、新技术,也应该充分挖掘本国、本地区的优秀的科技方面的知识,让学生在科技教育的过程中对于本国、本地区的传统的科技文化有一定的了解,从而提升学生的文化归属感和自信心。

2. 青少年科技教育的课程统整应关注教学资源的多样性

青少年科技教育课程统整,在教学资源的来源上,要充分利用信息技术发展过程中产生的优秀的网络资源、自媒体信息等,将其作为传统教材的有益的补充。网络、自媒体等资源的更新速度快,对学生具有较大的吸引力和影响力,在课程统整中利用此类资源,既能确保教学资源的多样化,又能提高学生的学习兴趣。

3. 青少年科技教育的课程统整应注意校内环境和校外环境的整合性

校内环境和校外环境的一体化是青少年科技教育课程统整中提升科技教育教学环境的重要途径。一方面要积极开发并合理利用校内外各种课程资源,如实验室、图书馆、专用教室、实践基地和各类教学设施等;另一方面,要广泛利用校外的社区资源,如博物馆、科技馆、图书馆、工厂及科研院所等,给学生开辟学习科技知识的广阔的校外场地,从而实现教学环境使用效果的最大化。

第四节 基于核心素养的科技教育课程统整的模式

学者陈鹤琴提出了三种具体的课程统整方法:圆周法、直进法和混合法。圆周法,是指不同年级预定的教育单元内容相同,研究的事物也相同,但所选教材的难度和分量应根据学生年龄的不同而有所变化,应由浅入深;直进法,就是将青少年在生活中所接触的事物,按照事物的性质和内容的深浅分散在各个不同的年级中,不同年级的课题和要求各不相同;混合法,是指在编制课程的时候将以上两种方法混用。[95]其中混合法则是采用最多的一种方法。

目前,我国青少年科技教育课程的编制方法中综合运用了以上三种方法,圆周法主要运用于小学的特色科学教育活动,每个学校围绕一项内容进行不同年龄段的区分性的活动;直进法多运用在基本科学知识和概念的内容组织方面,各年龄段根据知识的层次性,从易到难地组织;混合法最为常见。

在此基础上,结合统整教育的理论探究青少年科技教育课程的统整形式,我们初步认为有以下三种:

一、主题活动式统整形式

主题活动式统整形式是指课程不能用科目来编制,而是以学生的兴趣需要或者环境材料为出发点,围绕某一个自然或社会性的内容为主题,将所有跟此主题相关的内容进行合理的编排来开展课程的形式。

每一个活动主题可长可短,既可以是贯穿小学整个学习阶段的特色主题课程,也可以是一个学期、一个月、一个星期或者一堂课的主题。

主题活动开发主要有如下几步:

1. 设定主题

主题的来源主要有小学生的自发活动、小学生与自然接触而产生的活动、小学生与社会接触而产生的活动、优秀的科学知识中符合小学生的兴趣和需要的部分,也就是说课程的主题要符合小学生的兴趣和需要,贴近小学生的生活。

对选择的主题进一步进行筛选,确定课程主题符合青少年科技教育目标的要求,符合社会对科技人才的培养需求,符合小学生的年龄特点、学习特点和能力,符合小学生的兴趣需要,从而确保课程主题与青少年科技教育的目标相一致。

2. 组织课程内容

在选择和组织课程的内容时应该注意以下几点:

首先,内容的出处既可以是科技类系统内部,亦可以是科技类系统外部,借由数据系统性的课程资源来为特定主题必要的内容服务。

其次,内容的组织要具有开放性。内容不是严格按照学科知识的逻辑顺序来加以编排,而是应该根据主题的特点,打破学科界限,按照解决实际问题的不同单元来重新组织、序化课程内容,以防止在主题内容的确定过程中再一次陷入学科逻辑的狭隘怪圈。

再次,内容的编排应该给予小学生自己发现问题、探究解决问题的时间和空间,让小学生在学习和活动中能够主动体验和亲身实践,以防止内容的枯燥化和纯粹的理论化,从而符合科学素养培养的要求。

最后,课程内容需要涉及不同学科、不同知识之间的融合,因此需要多科老师相互沟通,发扬团结合作的精神才能完成,既可以采用集体备课的形式来完成课程的开发,还可以引导小学生参与到课程内容的组织过程中,采用师生同构的方式,增强课程对于小学生的吸引力。

3. 确定教学形式

主题式课程统整的最终目标是要增强和提高小学生的科学探究能力,因此关注主题内容的统整模块,不仅需要关注它是如何被开发出来的,还需要进一步关注它是如何被贯彻执行下去的。或者说,我们所采用的是一种大的课程开发观,将课程的开发看做是课程开发—实施—评价融为一体的过程。[96]

主题式教学形式层出不穷,而固有的课堂教学模式过于陈旧并且受到猛烈抨击,这就迫切需要教师克服旧有模式所带来的困难,启用一种日臻完善的教学方式来实现。在实际的教学活动中,可以采用实地调研、科学小实验、劳动实践等多种形式,条件许可的话还可以走出学校,充分利用各种社会科技资源,增加小学生的相关知识和经验。

4. 科学地实施课程评价

课程评价是检验课程效果,修正、完善课程的重要方式。主题化模块的小学科技课程具有动态开放性,这就需要它随着社会、科学的不断发展变化而不断地进行修正和完善。因此,在课程的实施程中就需要科学的运用课程评价,及时地发现课程存在的问题,有针对性地进行改革,从而使得课程更能够符合青少年科技教育的要求。主题式的小学科技课程评价主要关注以下方面:

一是来自于学生对教学内容的经验性评价。教学需要贴近学生的需要,这是任何教学活动都需要遵循的黄金法则,中小学的课堂也不例外。所以,在主题化课程模块实施的过程中,及时地倾听学生的声音和需要,并且适时地做出改变以适应学生的需要是尤为重要的。适应学生的需要,其实就是要求教学的内容和方式与学生的成长和发展的实际经验相结合,从学生的经验出发来组织课程,这既是课程统整的应有之意,也是在课程的教学和修缮的过程中需要注意的地方。[96]

二是教育专家对课程的评价。青少年科技教育课程的开发需要经过实践的检验,也需要专家的指导。主题化课程可以邀请课程专家和科学教育专家对课程的主题、内容、教学方式等进行综合评价,还要特别看重课程实施的一线教师群体对课程的反馈,这对于课程的改进和修正具有极其重要的意义。

 案例呈现

《春节主题》课程统整教学设计

一、主题背景

春节是我们中华民族的传统节日,学生对新年会有许多新的憧憬与愿望,如新玩具、新衣服等,而我们将从孩子对生活的感受和体验切入,一起去探究身边常见的新年事物,同时也让孩子的认知在生活化的情景中得到发展,形成积极的情感态度,让孩子们体验到春节的快乐,以此来加深幼儿对春节的认识与了解,感受过春节的喜悦。

二、主题目标

知道春节是我国的传统节日,春节到了,自己又长大一岁了。

了解春节的有关习俗(拜年、压岁钱等),感受春节的欢乐气氛,体验与人们共庆春节的快乐。

参加丰富多彩的春节活动,能用连贯完整的语言讲述春节中的所见所闻。

知道每个人都有自己的属相,了解十二属相具体有哪些动物表示以及轮换规律。

学会看日历,知道一年中有12个月,了解日历的作用,懂得珍惜时间。

三、活动内容

活动一:过年了

(一)活动目标

了解春节的来历和有关习俗,知道春节是中华民族的传统节日;了解十二属相和生肖,知道自己的属相和新的一年是什么生肖年。

(二)活动准备

查找、收集有关新年及十二生肖的知识和图片;准备挂历、爆竹、年画、灯笼、对

联等;准备自己幼时的生肖图片。

（三）活动过程

1. 认识春节

出示挂历,请学生注意公历和农历的不同,找出农历春节的红色日期(日历上公历的日期写在上面,字稍大;农历的日期写在下面,字稍小)。

引导学生初步了解春节的习俗,让学生自由介绍,如杀年猪、扫尘、贴春联、贴福字、贴年画、守岁、放鞭炮、拜年等。

讲解"守岁"和"放鞭炮"习俗的来历,教师讲述"年"的故事。

2. 认识十二生肖

教师出示不同的生肖图片,引导学生观察并了解十二生肖。

让学生拿出自己准备的生肖图片,观察自己的生肖图片和其他学生的是不是一样的(引导学生了解不同年龄的学生生肖是不一样的)?

教师出示十二生肖图,师生学读儿歌。

提问:今年是猴年,猴年后面是什么生肖年?学生根据十二生肖儿歌回答:明年是鸡年。

（四）拓展活动

师生一起贴春联、贴福字、贴年画,布置教室。

附:年的故事

我国民间是以农历记载年的,正月初一是农历新年的开始,因为邻近立春,又叫春节,过春节又叫"过年"。有一种叫"年"的怪兽,每年只出现一次,就是正月初一前一天,大年三十晚上(即除夕),它要挨家挨户地吃人,人们怕被它吃掉,就关紧门户,在屋里点上灯,一宿不睡,还要在窗外放鞭炮吓走"年",因为"年"最怕光和声响,这样,"年"被吓走了。新一年,人们都能平平安安。

活动二:认识月历

（一）活动目标

认识月历,了解月历上的数字在实际生活中所表达的含义;回忆美好生活,激发学生与同伴分享快乐的积极情感。

（二）活动准备

月历一张、活动室、台历若干。

（三）活动过程

1. 认识月历上的数字

导入活动：今天是几号？星期几？离新的一年还有几天？

2. 学看月历，引发思考

月历上的这些数字都有什么意义？这么多的数字在月历上到底有什么用？可以告诉我们什么（教师引导学生了解数字出现在月历的不同地方，它所表达的意思也是不同的，这些数字表达的是年、月、日、星期等）？

3. 分类，一年有几个月，一个月有几天？

通过观察，引导学生知道一年有12个月，一个月有三十天、三十一天、二十八天不等，并引出大月和小月的说法。

4. 月历上的文字

找一找月历上除了数字还有什么？

寻找月历上的特殊节日，知道哪些月份都有什么节日。

（三）拓展活动

1．一年中有一天是你最开心的日子，请你把它用笔圈出来。

2．学生圈画出自己的日子，并说一说我的生日是哪一天？

活动三：剪窗花

（一）活动目标

学习不同的剪法，剪出圆形、方形、不规则形的不同窗花。
了解剪纸的艺术文化，培养学生喜爱民间剪纸艺术和对窗花的欣赏情趣。
通过剪纸活动，提高学生小肌肉动作的灵活性。

（二）活动准备：

窗花范例、较薄的正方形彩纸、剪刀、稀糨糊、抹布、小箩子、大张报纸，引导学生欣赏民间剪纸艺术。

（三）活动过程

1. 谈话导入，引发兴趣

教师出示窗花，学生欣赏。通过欣赏，引导学生了解窗花的艺术文化，激发学生参与活动的兴趣。

2. 欣赏窗花范例

教师边示范边讲解窗花的剪法。

引导学生剪圆形、方形和不规则形的窗花方法，并掌握其技巧。

3. 学生剪纸，教师巡回指导

学生操作，教师巡回指导，注意学生剪的部位和方法，鼓励学生大胆尝试创新地折剪方法以及注意粘贴窗花的方法。

（四）作品展示

选出有创造性层次分明的窗花，并展览窗花。

（案例来源：http://www.youshibaodian.com/）

二、螺旋式课程统整形式

螺旋式统整方式是指根据学科的特性和中小学生的认知、学习特点，将学习内容按照从易到难，从简到繁的顺序根据青少年的不同年级阶段来进行组织安排。

螺旋式课程统整方式的优点在于能够最大化地保障自然学科知识结构的完整，有助于学生对于学科基本概念、基本知识的理解，有助于学生习得系统化的知识；缺点在于课程统整时更关注学习学科知识的要求，对学生已有的知识经验和兴趣考虑得较少，可能不容易激发学生的学习兴趣，发挥学生学习的主体性。

螺旋式统整的小学科技课程需要确立若干个跨学科概念、学科核心概念作为统整整个课程的结构。布鲁纳认为，课程内容的选择应在"有用的"知识和"装饰性的"知识之间寻求平衡。其中，有用的知识含有技能和一般理解力双重意思。19世纪末，心理学对一般理解力的研究主要关注能力的迁移，即一般理解力对于某种特殊技能获得的影响。学科课程结构可以使学科变得更容易理解；学科课程结构有利于学科知识的记忆，降低学习的内容的遗忘水平；领会学科结构的基本原理和概念有利于实现迁移。

理解螺旋式统整的青少年科技教育课程应从以下几个方面入手：

1. 突出核心概念在课程中的中心地位

加强课程内容间的联系，确定青少年科技教育课程的核心概念非常重要。青少年科技教育课程涵盖了多个学科,应该对各学科的基本概念进行梳理,找出各学科的核心概念,并围绕核心概念建构学科的课程结构,从而突出课程的系统性。

2. 注重课程的实践性

青少年科技教育课程具有极强的实践性,其目标在于培养小学生的科学探究能力。在统整过程中,应突出课程的实践性。

青少年科技教育课程的实践性主要体现在两个方面:一方面,科学实践活动可以帮助学生理解科学知识,如科学小实验可以直观、形象地帮助学生理解科学知识,劳动实践可以让小学生感受到不同职业工作的特点和对于劳动者的尊重等;另一方面,螺旋式课程统整方式关注学科知识的系统性,注重知识的内在联系,在实施过程中应更突出实践性,从而发现课程中存在的问题,有针对性地进行修正和完善。

3. 注重阶段性,课程内容在不同的年级段具有连续性

螺旋式课程统整方式使得学生对核心概念的学习进阶就像爬楼梯一样,起点是学生接受教学之前,目标是使学生对核心科学概念的理解和科学操作技能的掌握达到了接受教育所要达到的水平。[98]

课程内容的组织和安排方面的阶段也类似楼梯逐级上升的台阶,各个台阶代表着学生在不同的年龄阶段能达到的不同水平。在青少年科技教育课程统整过程中,关注不同年龄段的不同课程内容之间的横向联系、纵向连续,由简单到复杂、由具体到抽象、由宏观到微观,但又始终围绕核心概念而展开活动,如植物拥有汲取与创作养分结构的学习目标安排如表4.1所示。[99]

表4.1 "植物拥有汲取与制造养分的结构"的学习目标

学习内容	学习目标		
	1~2年级	3~4年级	5~6年级
植物具有获取和制造养分的结构	·说出植物需要水和阳光以维持生存和生长。	·描述植物一般由根、茎、叶、花、果实和种子组成,这些部分具有帮助植物维持自身生存的相应功能。	·知道植物可以吸收阳光、空气和水分,并在绿色的叶片中制造其生存所需的养分。
植物的一生会经历不同的发展阶段,其外部形态结构也会发生相应的变化		·说出植物通常会经历由种子萌发成幼苗,再到开花、结出果实和种子的过程。	

从表4.1中可以看出,在知识点中,一、二年级的目标是说出植物需要水和阳光

以维持生存和生长,是宏观层面的,是只要能够结合实际生活体验就能理解的简单知识;三、四年级的目标是描述植物的构成,并说出这些部分具有帮助植物维持自身生存的相应功能,目标更为细化、知识更为抽象;五、六年级的目标是知道植物可以吸收阳光、空气和水分,并在绿色叶片中制造其生存所需的养分。这一目标需要学生的抽象理解,对其认知能力和学习能力提出更高的要求。

三、混合式科技教育课程统整模式

综合分析主题式课程统整方式和螺旋式统整方式,我们发现主题式课程统整方式关注学生的实际生活和兴趣,在课程的组织安排过程中打破学科的界限,以学生常见的生活事件或自然环境中的某一事物为主题,对相关学科知识进行重新编排,从而更有效地发挥学生的主体性,有助于学生科学探究能力的养成;不足之处在于不利于学生对于学科系统知识的学习,对于学生的科学知识和科学能力的培养缺乏系统性;螺旋式课程统整方式注重学科知识的结构,关注核心概念的学习和理解,能够引导学生更好地学习和掌握学科的基本知识,有利于学生基本知识和基本技能的养成,提高学科知识学习的系统性不足之处在于课程更多地关注学科知识的特性,脱离了学生的生活实际,不利于学生的主体性的发挥。

两种课程统整方式的出发点不同,对于学生学习能力、生活经验的要求也不尽相同。主题式课程统整方式更适合低年级的科技教育;螺旋式课程统整方式更适合学生对于抽象性、理论性较强的是学科知识的学习,更适合高年级阶段。

混合式课程统整方式就是对于主题式和螺旋式两种课程统整方式的综合运用,根据学科知识的特性来有选择性地进行不同的课程组织安排。例如,对于磁铁的认识,比较简单,学生也有一定的经验基础,可以创设情境,采用主题式统整方式进行单元课程的编排,通过科学小实验等方式让学生自由探索,发现磁铁的特性;针对能量转换这一类相对来说抽象、不易理解的知识,可以运用螺旋式课程统整方式进行课程组织,有助于学生对于知识的掌握和深入理解。

 **案例呈现**

《设计理想校园》课程统整教学设计

一、教学背景

本节课是针对教科版小学科学教材六年级上册中的"2.6 建高塔"、"2.8

用'纸'造一座桥"和"4.2 校园生物分布图"的课程统整。在"4.1 校园生物大搜索"以及"2单元 形状与结构"的基础上,运用已有的生物知识以及结构知识,设计理想校园。不同于校园生物分布图中的平面,本节课主张从立体的角度上,感知比例缩放,结合苏州特有元素(小桥、高塔等)设计并制作。在小桥的设计中,可能需要同学们运用拱形的知识,结合现实生活中关于钢索桥的实例等知识,而建高塔的过程中则需要用到瓦楞纸板的奥秘、三角形的稳定性等知识。在建造的过程中,同学们还会认识到要想建设一个稳定的高塔,需要建筑物的基部大且重。当然,美丽的校园是不能缺少绿化的,参考自己校园的绿化方案,设计较为合理的生物分布,以植物为主。加深对常用绿化植物,如石楠、香樟、红花木、紫荆、女贞、黄杨等的了解。

二、教学过程

1. 复习导入

引导:秋天到了,校园里弥漫着淡淡的桂花香气。回忆一下,除了桂花,校园里还有哪些常见的植物?

学生回忆:石楠、香樟、红花木、紫荆、女贞、黄杨、杜鹃、芭蕉树等。

提问:你们还记得它们都生长在校园的哪些地方吗?

学生回忆:向阳区域、不向阳区域、建筑物之间、空旷的操场边缘等。

讨论:我们可以根据校园的建筑物和植物的分布绘制一张校园分布平面图。

学生小组讨论后完成绘制。

探究:联系植物的生长习性,在校园绿色植物的实际分布基础上自主创新,设计校园绿化分布图,并将之前课上采集制作的标本固定在相应的位置上。

2. 设计理想校园

谈话:同学们,你们觉得我们的校园美吗?有什么办法可以让她变得更加美丽呢?

学生交流:有一条小河、柳树、一座小桥、一条石子路、灯笼……

讨论:请以小组为单位讨论如何让我们的校园变得更加美丽。

探究:在校园分布平面图中画上自己小组的创意。

提示:可以增加我们苏州特有的一些元素,如苏州园林、虎丘塔、小桥流水等。

3. 制作理想校园

引导:在前面一个单元中,我们一直在讨论怎么样抵抗弯曲,怎么样增强建筑物的稳定性,我们能不能利用已有知识,结合你的设计提出一些设计最美校园的建议?

学生交流:利用瓦楞纸板抵抗弯曲,利用三角形稳定性做框架,利用拱形、圆顶形、球形增强稳定性……(在同学们的交流中复习第二单元形状与结构的知识)

探究:那么请大家讨论你们提出的建议,以自己小组设计的校园平面分布图为基础,设计、制作具有苏州特色的理想校园。制作时间:40分钟。

学生以小组为单位设计、制作理想校园。

4. 展示与交流

以小组为单位介绍作品。

谈话:在小组设计、制作理想校园的过程中,大家一定有所收获,有同学愿意和大家来分享一下吗?

学生交流制作过程中遇到的问题以及解决办法。

提问:有很多小组都制作了有苏州特色的桥,你的桥稳固吗?你有什么秘诀?

学生交流:仿照现实生活中的例子,如拱桥、斜拉索桥等。

提问:有很多小组都制作了有苏州特色的塔,哪个小组的塔最高?

测量比较找出最高塔。

提问:在建造塔的过程中,你觉得为什么你们小组的塔能建造得这么高?

学生交流:塔呈三角锥体,下面大、上面小,这样的塔较稳固。

小结:我们发现要想建造稳固的高塔,塔的基部需要面积较大、质量较重,塔的顶端则需要又尖又细。

5. 课堂小结

谈话:今天我们运用两节课的时间,以校园植物为出发点绘制了校园平面分布图,在此基础上我们发挥创意,结合苏州特色元素,设计出了自己心目中的理想校园,并且运用我们在第二单元形状与结构的知识,制作出了自己设计的理想校园。从平面到立体,我们感受了把图纸上的设计转变为3D模型的乐趣;从实物到模型,我们感受了比例缩放的神奇;从想法到作品,我们感受了小组合作的力量。希望大家可以在今天的活动中有所收获,相信将来一定会有同学能够设计建造真正的具有中国特色的校园,为我国的建筑事业贡献一份力量。

三、教学反思

本次课利用两节课的教学时间,完成了三节课的内容教学,将独立的教学内容:建高塔、建造一座"桥"、校园生物分布图三个内容有机地结合起来,相比以前的教学安排,这样的课程统整可以为每个任务创设合理的情境,有利于激发学生的设计兴趣,设立相应的奖项对于提高学生的制作热情也有很大的帮助。从已有知识到创意再到制作,学生在这样的过程中体验了作为一名创客必须经历的各个环节

(从想法到实际操作)以及一名创客应有的素质:科学的创意和较强的动手能力。"创客"源于英文maker,指不以盈利为目标,努力把各种创意转变为现实的人,是热衷于创意、设计、制造的个人设计制造群体。创客教育旨在将学生培养成创客或潜在创客,即有创意且有能力付诸实践制造出来的人才。

设计制作出具有创意的作品,可能需要综合科学、技术、工程、艺术、数学等多方面的知识,充分体现了STEAM教育理念,让学生意识到学科之间的关联性,也让学生充分感受到每个学科存在的重要价值,有助于学生树立正确的学科意识,做一个全面发展的学生。

STEAM教育是由美国弗吉尼亚科技大学的学者Yakman在研究综合教育时首次提出的。STEAM教育模式是以美国为首的很多先进国家在推行STEM教育模式的基础上,又添加一项ART(艺术)部分的综合性教育模式,STEM代表科学(science)、技术(technology)、工程(engineering)、数学(mathematics),是美国式综合教育新概念,也就是为了培养综合性人才,进行科学、技术、工学和数学综合性教育。STEAM教育是符合信息化社会要求的新未来式教育方式。

(案例作者:江苏省苏州工业园区星湾学校朱艳。)

第五节 基于核心素养的科技教育课程统整的设计架构

青少年科技教育课程教学设计是指为了实现科技教育的目标,由教师根据国家课程标准所规定的内容和要求,结合学校的实际和学生的特点,设计安排对学生进行科技教育的工作方案和实施规划。

青少年科技教育教学设计是联系科技教育理论研究与科技教育教学实践的纽带,它对促进科技教育教学、提高科技教育教学的有效性具有重要作用和意义。科技教育教学设计应以课标中有关科技教育的内容标准、科技教育的本质特征、小学生认知特点、经验基础以及具体的探究任务为设计依据,切实做好目标确立、任务分析、方案选择、反思与调整等任务。[100]

一、制定青少年科技教育教学计划的要求

(一)体现国家课程标准的要求

青少年科技教育包含多门课程,对于各门课程内容的安排应根据我国颁布的

课程标准来进行,教师应深刻领会课程标准中的课程理念、教学内容、实施建议等,合理、科学地制定各项计划,安排好青少年科技教育的课堂教学、课外实践、专题活动等,保障青少年科技教育课程目标的完成。

（二）符合学生的特点

学生之间不仅存在着明显的年龄差异,还存在着智力发育的差异、动作水平的差异、生活背景的差异等,因此在制定青少年科技教育教学计划时必须从学生的发展特点出发,以科技教育的相关理论为指导,制定出符合学生实际水平的教学计划,如安排教育内容时应贴近学生的生活、易于理解等。

（三）保证系统性和统一性

在安排青少年科技教育活动时,应做到由易到难、由浅入深,各年级之间、各学期之间要保持衔接,保证教育过程的连贯性。

在教育过程中,还应注意充分利用家长资源和社区资源,极力争取各方面对教育工作的支持,确保青少年科技教育实施的整体性和统一性。

（四）具有可行性

制订教学计划必须因地制宜,结合地区环境、学校实际情况来进行,使计划具有可行性。其中最重要的部分是学校的硬件条件和师资条件,硬件条件主要是指进行科技教育所需要的设备是否都具备,是否有专门的场所等；师资条件是影响科技教育实施效果的关键因素,在制定青少年科技教育教学计划时要考虑学校现有的师资情况,充分发挥教师的专业优势,推动青少年科技教育活动的开展。

（五）坚持创新性

制订教学计划必须符合青少年科技教育改革的发展趋势,如社会对于科技人才和公民科学素养的要求的改变、科技教育内容的更新换代、教育理念的更新、教学模式的改变等,要具有一定的时代性。例如,互联网在科技教育中的使用越来越广泛。

在制订教学计划时还应该坚持创新,善于总结科技教育的经验,深入挖掘,同时要做出特色,而不是一味地跟风,盲目地追赶潮流。

二、制订青少年科技教育教学计划的步骤

（一）全面了解分析情况

要全面了解分析学校和班级的具体情况，如学校科技教育资源、教育理念、课程模式，班级学生的知识基础、学习特点。上一阶段教学计划的完成情况等，在此基础上分析教学计划，确定已有基础和可利用条件有哪些，从而保证计划的科学性和合理性。

（二）明确任务

在掌握全面情况的基础上，认真分析，按照青少年科技教育的目标，详细分析国家颁布的小学科学、综合实践活动、信息技术等课程的课程标准或实施意见，明确计划期内的具体任务，经过层层分解，最后具体落实到诸项计划之中。

（三）选定内容

青少年科技教育目标是通过科技教育的内容来实现的，再明确计划的任务之后，结合教材，对指定内容进行挖掘、综合、创新，调动学生学习的积极性和主动性，提升学生对于科技教育的兴趣。

（四）安排时间

根据确定的教育内容，结合学校和班级的实际情况，考虑地区环境和季节因素等，将教育内容细化，计算教学时数，在时间上进行科学合理的安排。

（五）编写教学计划

编写教学计划是制订教学计划的最后一步，计划的编写应具有一定的规范性，可以参考各学校的模板进行，一般应包含教学主题、授课班级、教学目标、重难点确立、根据学生现实发展水平确定教学起点、内容拓展、时间把握、方法与媒体选择、课堂结构与环境的调控、作业检查与批改、板书规划、反思总结等部分，不同类型的教学计划要求也有所不同。

三、基于统整方式的青少年科技教育教学计划的种类

青少年科技教育教学计划包括学校的学期科技教育工作计划、主题统整式的

综合实践活动的教学计划、以某学科为主的统整教学计划。以某学科为主的统整教学计划主要是指以科学、信息技术课程为主的教学计划。另外,科技教育也有以其他学科为主的多学科内容的综合和整合,在此不做一一说明。

(一)学校科技教育学期计划

每学期开始前,学校会根据自己的实际情况,确定本学期科技教育开展的具体工作计划。学校学期工作计划具有一定的综合性,可以与课程教学内容相一致,也可以根据自己学校特色确定以课外实践、家校合作、社区合作为主要形式的特色科技教育活动。

学校学期计划的制订应符合学校的实际,能发挥学校的优势力量,充分利用各类资源,真正地发挥科技教育的整体教育功能,全方位地培养学生的科学素养。

学期计划应注意时间的合理安排,学期初主要是活动准备阶段,学期中期和学期中后期是活动实践较多的时间段,学期末教学工作较重,主要以总结工作为主。

基于统整方式的学校学期教学计划应在学校的原有的科技教育的经验基础上,综合考虑小学生科技教育的目标,精心选择科技教育的专题活动,提供丰富的科技教育的资源和场所,扩宽学生认知、探索、应用科技知识的途径,体现学校的特色。

(二)综合实践活动的教学计划

综合实践活动是从学生的真实生活和发展需要出发,从生活中发现问题,并将其转化为活动主题,通过探究、制作、体验等方式,培养学生综合素质的跨学科实践性课程。[101]

综合实践活动是通过义务教育国家课程设置实施方案明确颁布并要求增设的必修课程,体现经验和生活对学生实践发展价值的综合运用,标志着基础教育课程体系的新突破和新建构,该课程具体内容由地方和学校根据教育部的有关要求自主开发或选用。

(三)以某学科为主的统整教学计划

科学课程和信息技术是青少年科技教育的主要内容之一。小学科学课程在其不同年龄段有着不同的教学目标和教学内容,2017年颁布的《义务教育小学科学课程标准》中明确规定,其教学计划的制订要严格按照国家的课程标准,结合教材来开展相应活动。针对信息技术课程,国家也有相关的文件作为依据,本书主要对课堂教学计划即教案进行分析。

基于课程统整的教学计划,更多的是在某一学科内容为主题的基础上,融合多学科内容,利用多种教学方式进行综合设计。教学计划应在教学活动之前制定完成,这一过程实际上就是我们通常所说的备课的过程。一份完整的教案一般包含教学主题、授课班级、教学目标、教学重点难点、教学准备、教学过程、作业布置、板书设计、教学反思等环节。

以科学课程为主统整的教学计划应符合青少年的实际情况。先确定活动主题,再综合主题相关的学科知识,要善于充分运用周围的教育资源,以期通过探究性的活动来激发幼儿对于科学学习的兴趣。因此,教学环节的设计就显得非常重要,要突出学生在课堂中的主体性,教师则主要扮演引导者和支持者的角色。

第五章 基于核心素养的青少年科技教育教学设计

核心素养概念作为一个完整的教育理念,是未来教育改革的方向。它所指向或引领的教育思想的变革,必然会带来教学领域的巨大震动,随之而来的将是教学观念、教学方式、教学运作、教学评价等一系列的变革。这也是每次教育改革所必然引起的连锁反应。核心素养对于整个教育教学的深层次影响,必将影响到各个学科、各类教育活动的开展,深刻地影响着教学价值取向的演变。青少年科技教育活动作为教育活动中至关重要的一环,自然要在核心素养理念的指导下运行,必须树立整体性的思维,开展科技教育活动时要充分考虑影响科技教育的各因素以及科技教育可能带来多重影响,以系统的思维进行教学的开发和设计,实现教师与学生、学生与科技知识、课内教育与课外实践的有效衔接,最终达成各教学要素的有效整合,践行科技教育的核心价值,为全民科学素养提升奠定基础。"价值取向的选择当然总是个体行动的选择,但是从主体间性的角度讲,这些选择在一个社会系统中不能是随机的。的确,社会系统维持生存的最重要功能的必要条件之一是在同一社会系统中不同行为者的价值取向必须被整合在一个共同的社会系统中……价值取向的共享尤为重要。"[102]从价值取向的角度思考,这对青少年科技教育的开展提出了新的要求。

第一节 科技教育教学观的重构

核心素养时代的来临,带来的是整个教育理论体系的变革,其中最为关键的是教学价值观的重建。任何国家、任何时代的每一次教育改革,必然会触发教学价值观的先行革命,进而引发课程观、学习观、学生观、教师观、评价观等一系列的变革。每一次改革均是对先前教学观的批判和继承,批判和继承并存的观点十分符合中国人的中庸思想,也符合中国人做人的原则与人相处之道,即便是面对最为讨厌的人也要留有情面,不要撕破脸。虽然这看似是在讨论伦理,但同样适合于我们当前这场以核心素养为核心的教育变革。尽管我们不愿同意,甚至有学者公开发文表示,中国学生核心素养的提出是对新一轮课程改革提出的知识与技能、过程与方法、情感态度和价值观三维目标的批判与继承、完善与发展,并不是否定。但笔者认为这种观点似乎站不住脚,犹如新一轮课程改革是对知识观的否定一样,核心素养的改革也是对三维目标的否定。回顾历史,任何一次改革实质上都是对前者的否定。因此,以核心素养为理念的新时代教育改革必然带来教学观的重构,也唯有重构才能引发整个教育系统的深层次的革命。科技教育作为教育活动的一部分,科技教学观也必然要顺应核心素养发展要求,实现观念重塑。

一、聚焦科学素养,实现学生全员参与

核心素养关注的是人,核心素养的提出与明晰促使我们的教育发生重大转向。核心素养中对科学精神的阐释和要求是一种面向全体学生、促进学生终生发展的理念。其对科学精神的框架构建和意义解构,着眼于对学生学习知识、理解意义、科学应用等实践和操作能力的培养以及相应的能力标准、思维成熟程度和外在行动要求。内容涵盖理性思维、批判质疑、勇于探究等方面。这些都是当今社会公民科学素养的重要内容。核心素养指人所应具备的品格和能力,核心素养的基础和逻辑前提是人的发展,必须立足人的自由而完满发展,才能真正体现核心素养的价值所在。脱离人的现实存在,核心素养的意义将荡然无存。一言以蔽之,教育的出发点和落脚点归根结底在"人",教育的任何改革,无论是教育体制的改革,还是教学模式的创新等,都要紧紧围绕"人"而展开。回归我国教育的本质,教育的目的是人的发展,教育的对象是全体公民,因此基于核心素养的教育必须面向全体学生,核心素养关注的也应是学生全面的发展。这种面向全员的思想也是对以往科学教育精英化思想的批判,摒弃了科学教育只是一部分特殊才能群体才可以享有的特权观念。全员参与是教育公平性的集中体现,也是科技教育活动的内在要求。教育公平所要规范或调节的为全民所共享共有的教育资源的配置和供给结构,其涵盖了人们所应享有教育权利、教育机会、教育利益和教育条件的公平。就科技教育而言,我们要面向全体学生开展教育,要让每一名学生都能公平公正平等地获得其在科技活动中的人力资源、物力资源、财力资源和信息资源等。聚焦科学素养,

实现学生全员参与，首先关注的或者应该纳入课程教育规划综合考量的是原初教育条件，即要对班情、学情等进行系统的分析，这是开展科技教育的基础。教师要根据班级学生的性别比例、前期学习的基础等，将不同学生的性格、兴趣、特长爱好以及所处的家庭环境和社会环境等因素纳入教学的准备之中，充分顾及学生的不同发展情况，从而使科技教育活动最大范围地满足全体学生的需求。同时教师也要针对学生之间存在的差异，在教学内容、教学方式和活动组织上进行差异化、个性化的教育，从而满足学生多样化的科技教育需求。

科技教育的初衷和目的在于提高学生的科学素养，在于科学知识的大众化、普及化。这也就决定了科技教育具有普及化的特征，因此科技教育活动必须面向每一个公民，促进公众科学素养的整体提升。科学素养是每一个人必须具备的基本素质，各种科技产品遍布于我们身边任何地方，或明或隐地影响着我们的日常生活，需要我们去正确地使用；大量的科技和科学知识不断更新并冲击着我们原有的认知和知识结构，需要我们用理性的思维去学习和掌握。同时科学技术是一把双刃剑，合理运用可以造福人类生活，但不合规的使用则会给人类生活带来严重的威胁。其中最重要的就是科技伦理观念的形成，任何科技发明和应用都要符合伦理规范。科学伦理的形成也是科技教育的重要任务，是科学素养的重要内涵。对青少年而言，我们要通过科技教育活动使他们正确地认识周围世界、知道世界是什么样的、为什么是这样以及正在发生着何种变化；正确认识自然规律、人与自然的关系，知道如何实现人与自然的和谐相处；要养成探索未知、发现真理的习惯，有能力去认识和揭示自然现象和奥秘，认知新的科学知识和观念。青少年科技教育活动重要意义就是要培养学生理性辩证思维，获得质疑探究发现的能力和方法，养成科学思维的方式，提升独立思考和思辨能力，才能够练就一双辨识真伪的火眼金睛。从这个意义上来说，科学赋予每一个人的最可贵的品质是独立思考的能力，而不是只有被动或者想当然接受的份儿。因此，科学是每一个人，特别是每个孩子都要从小学习的。

青少年科技教育的教学活动必须时刻聚焦科学素养的培养，时刻关注每一位学生的发展，让每一位学生都能参与到科技教育活动中来。要达成聚焦科学素养，实现学生全员参与的目标，需要教学观念的深度变革。就此而言，教学观念的变革主要是教师教学观念的转变，由关注个别学生参与向关注全体学生参与转变。全员参与代表着科技教育发展未来的追求方向，更是教育公平理念的必然要求，教育公平并非指简单的学生获得物质资源分配或者共享教育资源的公平，还包括接受教育整个过程的公平。科技教育活动中学生是否享有平等参与科学探究、享受教育的科学引导等的权利都是教育公平的体现。这种理念也要求教师必须转变教学观念。就科技教育而言，我们所倡导的全员参与式的科技教育教学以学生全员、全过程参与为特征,要让学生成为教育教学活动的主体,充分调动每一个学生学习兴趣和热情,充分顾及每一个学生的发展。全员参与是由科技教育的学科特性决定的,科技活动本质上是一个需要亲身体验、在实践中获得认识的过程,单纯的教师单向的知识传授并不会起到良好的教学效果。学生参与并能主动自觉地参与是实现科技教育的前提。与此同时,科技教育活动还必须是全员性的参与,这是由教育的公平性决定的,也是保证全体学生公平享受教育的权利。全员参与更重要的是能够激发学生团队意识,发挥集体育人的作用,使学生在团队中发现自己的闪光点,在团队合作共同研究科学实验中,共同面对各种难点,并通过集体攻关努力解决问题,让学生既能获得科学知识,又能体会到集体的力量,培养学生的团队意识。当然,全员参与式课堂并不是指在一节课中,每一个学生都要发言,这种形式主义的参与并不是全员参与式课堂的本质,在现实教学中这也是无法实现的。我们所强调的是教师与学生之间、学生与学生之间的交流互动,学生能够主动并富有激情地参与到教学之中,能够主动在教师的引导下开展科学探究。全员参与式课堂在根本上是杜绝课堂"外人"的出现,所谓"外人"就是指虽身处课堂中,但并没有真正置身于教学情境中的学生,或者是对学习本身怀有抵触情绪而不愿意参与到学习中的学生。也正是如此,全员参与式课堂对教师提出了更高的要求,教师在设计科技教学过程要充分考虑班级学生的情况,合理地设置教学环节,尤其是针对课堂"外人"制定有针对性的教学启发机制,激发学生学习积极性,真正把学生的精力引导到课堂学习中来,创设富有探究性、趣味性、开放性的课堂,从而提升科技教学实效。

青少年科技的教学设计面向全体学生,意味着要关注学生的个体差异,考虑到学生生活环境、地域等方面不同,充分挖掘每一位学生的潜能。青少年科技教育教学设计应建立在对每个学生心理发展水平充分了解的基础上,掌握每个学生已有认知水平以及他们对科学概念的初步认识,包括错误的理解,还有他们感兴趣的学习内容等,为每个学生提供公平学习科学的机会和有效指导,为促进每一个学生正确理解科学概念、培养学生对科学的态度等奠定基础。全面提高学生的科学素养是科技教育教学的宗旨,要让学生在科技教育活动中通过知识传授、感知体验、实践探究等方式促进学生对知识的掌握。在开展青少年科技教育活动中要引导学生主动去探究自然现象的奥妙,用生活的经验和认知引导学生留意观察生活细节,从生活中提出问题、思考问题,增强对科学的热爱,激发他们对未知世界探索的兴趣,提高逻辑思维能力、语言表达能力、审美能力、处理应用信息等方面的能力,以此培养学生的创新意识。

二、聚焦生活体验,回归学生生活场域

作为生活教育思想的倡导者和实践者,陶行知先生曾鲜明地指出只有教育在生活中扎根发芽,才能迸发出强大的生命力,唯有如此方得教育真谛。教育就是要深入挖掘生活经验,引导学生感知所处时代的生活知识和意义价值。顺应时代呼声,中国学生在社会参与领域发展核心素养,要求学生能够正确地处理自我和社会的关系。其中,在实践创新方面,要从学生日常活动中,立足现实生活发现问题、解决问题,应对不同的挑战,发展自身的科学实践能力。同时在学生自主发展指标中,强调学生要能够有效地应对复杂的环境变化,发展成为有明确人生方面、有生活品质的人,要从珍爱生命、健全人格、自我管理等方面努力获得健康生活的能力。活动让学生回归生活,完善环境价值观,重新认识自己、改变自己,提升自身品格和社会责任感,体验幸福感。不难看出,培养核心素养的一个重要目标就是提高学生的生活能力。为达成这一目标,必然要回归学生生活,从学生现实生活体验着手开展科技教育。教育与生活是一个统一体,教育是人类社会化的一个过程,这个过程必然与个体生活紧密相连,并在生活中实现教育的目的。教育离不开生活,生活本身就是一个受教育的过程,个体在生活中的各种直接体验、言传身教、模仿训练等都是教育的体现。正如杜威所主张的,回归生活才是教育的真正目的。脱离生活的教育,将沦为无源之水、无本之木。这一点从柏拉图的"洞穴之喻"中我们也能清楚地看到,一旦离开生活的世界,教育的现实生活的价值功能和作用机制将迅速消解,进而在社会与学校、教育与教学之间形成一道不可逾越的鸿沟,从而使教育走向工具化的极端。苏联著名教育家苏霍姆林斯基特别注重生活的教育价值,他曾鲜明地提出,要将学生培养为能够奉献社会以社会价值为己任的公民,就必须让学生发自内心地热爱生活,愿意回归生活世界,感受生活之美,获得生活的力量。教师必须教会学生如何成就美好的生活,如何实现学校生活与社会生活的有效整合,再以生活固有的教育意义和价值,引导学生探索未知的世界,获得成就未来生活的能力。基于此,科技教育的开展必须回归学生生活场域,要注重学生生活体验与课堂知识的结合,劳动教育和社会实践的统一,建构一个富有生活气息的教育环境,做到贴近学生、贴近社会、贴近生活,让科技教育成为学生生活的一部分,真正让学生在生活中接受科技教育,在现实生活中体验科学知识的魅力,感知科学技术的奥秘,养成科学探究的习惯,并在学习、体验中提升科学素养。回归学生生活场域,就是要让学生在生活的实践体验中,感受到教育的力量,体验到教育对自身发展的意义和价值,并为提升自我生活质量而不断追求。对学生而言,我们的教育教学不再仅限于讲授课本上程式化的知识,还应通过这些知识的学习为未来的美好生活做

充足的准备,这种观点正如斯宾塞"教育是生活的准备"学说所言及的。在核心素养指导下的,回归生活的教育,不仅仅是为生存意义上的生活做准备,这种准备是低层次的,满足的是人类生活的最低需要,更重要的是回归生活的教育是对生命力和创造美好生活质和量上的双重改变,教育所最终指向的生活更加丰富,包括精神层面的东西,并且赋予学生不断推动自身发展和前进的方式手段,是学生知道何为真正的成长、怎样才能获得生长,并成为自身命运发展的主宰者。也正因如此,回归学生生活场域的教育要尊重生活的本质,要在学生生活体验、情境中加以教育,使教育源于生活,又能更好地改造生活。

在核心素养的框架下,回归学生生活应成为教育教学活动的内在规定性,指引教育活动的开展。科技教育作为与现实生活紧密联系的教育实践活动,必须以学生生活场域为基础开展教学活动,让教师以学生的生活体验为出发点设计、开发相应的教学活动。青少年科技教育要从生活化和实践性两个重要维度出发,深刻认识科技教育回归学生现实生活场域的重要性。要以学生为中心,关注现实生活情景中的真实学生样态,关注他们的生活境遇和生活中所遇到的各种问题,善于借助对现实世界的理解和认知,主动贴近学生的生存环境和内心对理想现实的渴望,引导他们主动参与各种形式的科技教育活动,让他们在参加实践的真实活动中,对个体生活有全面的、系统的、广泛的感受和体验,从而引发学生对科技的思考、感悟,真正激发学生对科学的求知欲望。科技教育回归学生生活就是教师在进行科技教育教学活动时,能够充分地将教材中的知识与生活中的现象相结合,用现实生活素材来讲解科技知识,将科技知识与实际生活相结合,从而提高学生学习的兴趣,引导学生探索新问题学习新的知识点,同时引导他们在实际生活中应用新知识,以达到学以致用的目的。

教师开展科技教育活动时,要注重与课外内容的关联,使得学生提高对科技知识实用性的感知。著名化学家罗莎琳德·富兰克林在一次演讲中指出:"科学与日常生活是不能也不应该被分离开来看的。无论是健康保健,还是我们所使用的产品,又或是我们对环境产生的影响,每天我们都要做出不计其数的、与科学相关的选择与决定。"因此,教师在开展科技教育时必须与日常生活紧密结合。在科技教育内容的选择上,要实现学科知识与生活实用知识的有效结合,应从学生日常所能够接触到的实际问题出发,选择相关内容。在科技教育方式的选择上,要注重创设生活化的情境,尽可能地让学生获得直接的现实体验,如在学习热胀冷缩原理时,可以引入"压扁的乒乓球被热水烫过后立即恢复原样"的实例,帮助学生理解相关知识。在科技教育教学教具的选择上,要注重材料的生活化,要让学生学会根据教学内容用生活中的实物或废旧物品制作学习所需要的相关教具。学生发现材料并使用材料制作教具完成相关实验的过程就是一种科学探究的过程。在科技教育的实际运用中,也要关注科学运用的生活化,要从解释和解决日常生活的实际问题出发,引导学生使用学科知识对现实案例和现象做出解释,做到活学活用。例如,在化学知识的学习中,当学习到铝及其化合物相关知识时,学生会接触到一种食品添加剂——明矾,明矾是学习和了解氢氧化铝的性质的一个优秀例证。当教师讲到这个知识点时,可以适时地抛出这样几个问题:同学们爱吃油条吗?知道油条的制作过程吗?知道在油条的制作中发生了哪些化学反应吗?为什么小小的面条放到油锅中炸后就可以膨胀起来?这一系列问题都是学生日常生活中所能接触到的,但是却又不知其所以然的。这些问题的提出无疑激发了学生的求知欲望和探索解决问题的好奇心。教师可以根据学生的反应情况,顺势通过动态视频演示的情况讲解油条的制作过程,从而引申出加了小苏打的面团经热油加热分解生成二氧化碳,使面团膨胀起来,面团里游离的钠离子与明矾里的铝离子结合并产生氢氧化铝的过程。不论是学习课外知识,还是增加生活素材,都要围绕核心知识,突出重点,贴近学生生活,同时还要符合学生的认知。教师开展科技教育活动时,要注重教学内容选择的生活化倾向。这里的内容选择主要是选择将何种生活化的知识与所讲授内容整合起来,从而有效地导入与课堂教学内容,使学生更好地理解相关学习内容。科技教育作为一种开放课程、综合课程,其涉及的知识面非常广泛,这就对教师选择何种内容并加以教授提出了要求。内容选择成为衡量一个教师业务水平高低的重要一环。

  科技教育活动的开展必须坚持因材施教的原则,在设计活动方案、选择教学内容、确定教学方式、实施教学流程等方面要根据不同年级学生的认知发展水平和身心发展规律,科学合理地安排,尤其是在选择与日常生活相关联的事件时,要符合学生现有的认知和发展水平,找到知识与生活的最佳契合点,有效地促进与生活情境的整合,激发学生学习兴趣,提高教育成效。例如,"冰糕为什么会冒气?"教师可以从气体的有关知识为学生加以讲解,从而与课程内容有效结合,增强学生的现实体验感。教师可以解释,空气中存在着许多人们用肉眼看不到的细小水分,我们称之为水汽,这些水汽一旦遇到低温,就会迅速凝结形成雾滴。由于冰糕温度低于周围环境的温度,一旦将其置于空气中,冰糕周围的水汽就会快速凝结,在周围形成一个雾团,也就是我们看到的冰糕"冒气"的现象。再如,在学习星球有关课程时,可以向学生抛出这样一个问题:"为什么星星会一闪一闪的",这样的一个问题会引起学生直接生活体验的记忆。或许他们对此问题早已有过疑惑,因此可以借助这一问题激发学生对问题的探索。教师可以讲解说,大家要知道,实际上星星自身并不是发光体,本身并不会闪烁,其之所以会呈现出一闪一闪的状态,是由于高空中大气的不稳定运动,经过大气的光线时而可以传递到我们的眼中,时而不能。我们所能看见的星星离我们都十分遥远,在这个距离范围内会有大气和一些空间物质阻挡我们的视线。与此同时,受到大气的密度和厚度的影响,大气透明度的不同会导致光线的传播不同,由于大气的遮挡,星星的明暗度也会不同,这时我们看看的星星就像在不断地闪烁一样。教师在科技教育中要主动设立与社会生活、技术相关的课题,让学生将所学的科学知识与生活联系起来,使学生在实际生活中积极思考所经历的生活现象以及与之息息相关的科学技术知识,在科学探究过程中体验学习科学的乐趣与奥秘。

三、聚焦主动探究,推进知识整合建构

知识整合是核心素养理念指导下课程观念革新的重要方面,也是推进核心素养落地的有效途径,核心素养及其核心价值便包涵了知识整合的要求。何谓知识整合,简而言之就是对零散的东西进行拼接,把相关知识点与其他领域的相关内容一个个先学习好,并最终把它们结合在一起并运用到的不同的实践场景,这个结合的过程被称为知识整合。整合是一种归纳的能力。大多数情况下,人们善于分解,却疏于归纳。在工作过程中,我经常发现,同事职级的高低与其归纳能力的高低密切关联。职级低的人通常愿意做分解工作,而职级高的人更愿意做归纳的工作。比如,遇到一个问题时,人们通常能以发散性思维,把这个问题拆解成一个又一个小点。又比如在面对即将到来的节日时,需要策划一场与节日相关的活动,此时你会把各种创意接连抛出来。人们常说的头脑风暴会和创意工作会都属于这个范畴。但我们不能止步于此,还需培养自己归纳总结的能力。比如,面对一个节日活动的诸多创意,我们最终需要把它们归纳为几个类别或是几项原则,这个过程就是归纳法的运用过程。就教学领域而言,教育学家马西娅·C·林认为,"知识整合教学理论可用于指导学习和教学,知识整合型教学旨在提升学生科学理解的连贯性和精确性。每个人都渴望去理解与自身密切相关的科学难题,如,如何做出节能的选择,如何选择符合自身需要的保健方案等。知识整合式教学充分利用每个人的这种渴望以及每个人收集和解释与科学现象有关的证据的能力。知识整合教学理论认为,学习者在个体经验、观察自然世界、文化信仰、社会情境和教学的基础上构建了一组不连贯的、碎片化的想法,知识整合教学正是通过诱出已有想法、增加新想法、辨分想法、反思和整理想法等环节将这些碎片化的想法转化为连贯性想法的过程。"[103]

核心素养的理念要求课程实现统整,其实也是知识整合观的一种体现。课程整合的理念在我国由来已久,并在学校实践中取得了一定的成效,有效促进了各学科知识之间、学校课程与社会生活之间、教学知识与学生现实体验之间的有效整合。课程整合的实践在一定程度上弥补了过度强调分科课程、知识与生活分离的

缺陷。核心素养作为当前指导我国教育教学实施的新的理论和理念，要促使学生掌握实现其个人终身发展和促进社会可持续发展的关键知识、方法和能力以及与之相匹配的情感态度价值观。这也是要求课程实施实现跨学科、跨领域的有效统整，因此课程整合是核心素养的内在要求，而核心素养又丰富和完善了课程整合的理论基础。与此同时，课程整合也成为核心素养从理念到实践真正落地的有效手段和实现载体。教师要按照课程整合的要求，科学合理地设计相关教学内容。从知识整合式教学理论出发就是要从各种学科知识之间构建知识结构网络，将知识之间的逻辑关联系统地呈现给学生，从而让学生获得对知识整体的、全面的、系统的理解和认识。众所周知，科学技术知识包罗万象，涉及历史、天文、物理、地理、建筑、文化习俗、新兴科技等方方面面的内容，如何将这些零散的来自各个学科、各个领域的知识，加以系统化、体系化，并融知识性和趣味性为一体，以通俗易懂、富有情趣的方式教给孩子，这就需要我们进行科学知识的有效整合。科技教育活动的开展要围绕核心素养的养成，将学生知识、技能、情感态度价值观的培育有机统一起来，充分发挥课程整体育人的功能。学校要以关注科技教育和其他学科间存在的知识上的联系，在教学设计上促进主要学科间的知识整合和渗透，达成不同学科在知识上、方法上、思想上的有机融合，挖掘相关学科的科技教育内容，从而发挥课程整合的最大作用，开展学生科技教育，打造学科联动的科技教育氛围。在小学阶段，语文、数学教师在课堂教学中可以结合相关课程内容引入科学小知识，如在学习图形时，可以结合自行车的结构设计，引入三角形具有稳定性的原理；又如在讲授《火烧云》一课时，可以与自然课程结合，引入与天气相关的知识，解释"早烧不出门，晚烧行千里"的道理。当然，科学教师在课堂教学中也要有意识地与学生先前从语文、数学、信息技术等学科中学到的有关知识结合，更好地促进学生对所学科学知识的理解。在中学阶段，教师可以对物理、化学、生物、地理等相关学科的知识进行整合，让学生在学习相关理工科知识、感受理学知识魅力的同时，激发学生的探究意识，让学生学会并主动去探索各种科学现象的奥妙，提高其科学探究能力，培养其科学素养。总之，教师要善于发现所授学科中包含的科学知识点，并与学科内容有效整合，可以通过综合化课程、主题式拓展课程、跨学科的综合实践活动等形式，打破不同学科之间的壁垒，实现课程的有效统整。教师可以通过"示范—指导—放手"的步骤循序渐进地提升学生的整合能力。知识的整合可以借助思维导图、框架结构图、表格图、树状图、推导图等工具，不拘一格，根据整合的内容和采用的方法而定。对学科知识进行整合和重组，有利于训练学生的综合思维能力、培养学生的创新精神、提升学生的学科素养。

正如笛卡尔所言，知识是你在任何可想象的环境中都不会怀疑的事物。知识不是存在于人脑之外的对绝对现实的反映，而是在人与人、人与社会互动过程中对意义的自我建构。教师不能替代学生完成知识的整合,学生的能力不是教师讲出来的,而是学生在自主的学习体验、自我建构中形成的。何种知识观对应着何种教学观。在传统的教育情境中,教师所传授的知识和内容是既定事实,不容学生有一丝的质疑。教师是知识的忠实信奉者、维护者和传播者。在基于这种知识的表征状态下,课堂教学中,教师和学生本应赋予生命活力的教育活动被简化为只是"授受"之间的单向传递和承接的认知活动,教师沦为了知识的搬运工,学生成为了灌输的对象;教师教的目的是备战考试,学生学的目的是考取高的分数。基于知识整合的教学观存在的基础是对建构主义知识观的高度认可,建构主义的知识观强调,任何知识的学习或者新知识结构体系的建立,都离不开学习者头脑中原有的知识储备或社会生活体验,这些固有的观念或经验将在潜移默化中影响着学生对新知识的学习,学生学习知识必须以学生自身早有的认知体验为基础,在此基础上建立起新旧知识的意义关联,从而促进新知识的有效学习。这就要求教师在教学过程中要尊重学生已有的知识经验或储备,建立社会化、生活化的学习情境,引导学生发挥原有经验的积极作用,促进新知识的学习。

因此,关于青少年的科技教育,教师在教学过程中要基于学生原有的认知结构,合理地引入各种相关学科的知识,从而引导学生自主架构起科学知识的结构。同时这种构建过程的一个重要前提是学生要有建构知识的意识。学生学习的过程是学生借助教师的有效指导进行自我建构、自我生成的过程,由此可见建构主义虽然强调学习的自主性和主体性,但也不排斥教学等外在力量的作用。在开展科技教育的活动中,教师要真正树立和践行以学生为中心的理念,在教学过程中充分发挥学生的积极性、主动性和创造性,引导学生对多学知识的自我认识、自我解释和自我理解,在此基础上形成对知识的完整认识,从而使学习真正成为一个富有活力,又彰显学生自我价值的过程。满足这个愿望是每个教师更好完成教学任务的一个关键,也是核心素养培养的目标。但这种愿望常常面对种种限制,受学生们的经验、视野、认知能力等方面的限制,处于未被激活状态的表现为一种潜能。所以,在开展科技教育活动的过程中,教师要善于借助知识整合的手段,合理地编排教学内容,从而激发起学生内心对科学知识探究的欲望和好奇心。正如前文所言,我们的科技教育要聚焦生活体验,回归学生生活场域,教师要选取贴近生活的课题。科技教育知识内容的来源是广泛的,可以是书本知识的直接获取,也可以是社会交往、生活体验过程中真实体验,尤其是关注学生日常生活中的实际感受和现实体验。教师要善于运用各种手段激发学生的学习动力。科学世界和生活世界是个体走向成熟发展的两个"发源地",科技与生活是统一体,青少年科技教育活动必须关注学生日常生活的现实经验,以学生的亲自体验或感受到的现实问题为切入点,激发学生对问题的探究欲望,真正发挥学生学习的主动性。内在学习动力是科技教育取得良好效果的必备条件,学生只有对所要学习的科学知识产生了强烈的学习兴趣,才会主动地去尝试、探究,这样我们的教学才不再是单向度的传输,学生学习的过程也不再一种学习的负担,而是"我想学""我要学""我会学"的满足过程。在设计科技教育教学时,内容的选择和活动的安排应能激发学生主动探究的兴趣,要具有启发性,能够满足学生对新奇事物、前沿科技信息和成果的好奇心和探究的欲望,教师可通过合理地引导,启发学生的发散思维,激发学生的想象力,使他们在主动探究中闪现出智慧的火花,培养他们的科学思维和创新意识。

在青少年科技教育中,教师要主动去探查学生的想法,适时地激发学生建构知识的兴趣,要真正做到贴近学生、贴近实际生活、贴近社会情境,要充分关注学生的最近发展区,从学生现有的知识基础出发,选择富有一定挑战性的问题或探究内容,激发学生的主动性,让学生通过自发、主动地相互对话讨论,实现问题的解决并促进个体的发展。在进行课程整合时,还要特别注意,学科之间的知识并不是完全融合在一起的,当学生学习各门学科知识时,针对其中相交叉的知识点,或者会感到困惑,或者会产生多种不同的想法,这就需要教师进行加以指导,让学生获得有意义的价值关联。学生在自我探究时往往表现出各取所需的特点,基本是根据自己的认知基础选择自己喜欢的东西。教师在上课前选择的相关教学材料必须要经过认真的筛选,要能够为学生学习探究开辟一条令人感兴趣的探究之路,让学生可以通过多种途径去达成学习的目的。教师在指导学生时要恰当地把握好时机,在学生自主进行科学探究时,教师不要提前将所有可能发生的情况或需要的材料全部呈现给学生,而要在学生探究过程中,发现问题或在学生遇到困难时再给予适当引导,这样才能达到激发学生学习动力的目的。也就是说,教师引入某种材料的时机不是任意的,而是根据学生的需要,对相关知识或材料之间相互作用多达到的阶段做出评价的结果。例如,在学习浮力课程时,我们需要准备两个不同密度的物体,以便放入水中观察浮力的情况。我们需要特别注意呈现材料的时机,教师可在讲解到影响浮力的因素时,如密度等时,再呈现两个物体,并让学生亲自去试验,观察物体在水中的位置情况。这样才能更好地让学生理解相关知识。

四、聚焦发展性评价,促进学生全面发展

发展核心素养对学生的影响是终身性的、持久性的,它不只是为了完成某一阶段目标,而是要通过核心素养的培养,为学生终身发展服务。学习与考评是教学的两个方面。核心素养不仅仅带来了课程内容、教学内容的变化,还带来了评价方式的改变。核心素养带来的不仅仅是教育理念和课程理念的变革,随之而来的还有整个教育评价、课程评价、教学评价等一系列的连锁改变。相对于传统的以考试成

绩为核心的终结性评价,核心素养更加强调发展性的评价。以考试为主的传统评价方式,往往是对学生做题能力的考察,追求的是分数的高低,并以分数决定学生未来的平台。其实质上是将做题能力与学生发展能力混为一谈,简单地将会做题等同于学生能力高,模糊了学生能力的概念。最终,我们也会发现这样一个问题,有些学生考试分数很高,但在人际、活动、沟通、实践等方面却表现一般。传统的评价方式过分强调选拔和甄别,在题目设计上和功能定位上已经偏离了促进学生全面发展的目标,尤其是以学业成绩作为主要的评价指标,存在评价方式单一、不科学,评价结果滥用,简单机械地将考试结果用于衡量学校教育质量、教师教学水平、学生发展水平优劣的标准等问题。同时,评价内容和标准过分偏重智育而忽视德育、体育、美育等;教学中重知识轻能力;更多的是考查学生对书本知识的掌握,而对学生品德、学习素养和能力、创造力、创新精神、社会实践能力等不重视;以统一的、模式化的标准进行评价,忽视了学生之间的个体差异,既不利于学生个性发展,也不利于激发学生学习的热情和动力。虽然在新一轮课程改革中我们特别强调避免以考试作为单一的评价方式、作为衡量学生学业水平和综合素质的唯一标准,并力图改变这种唯分数论的观念。但是就目前而言,在现在的升学过程中,考试的主导地位依然没有被撼动。虽然经过多年努力,我们尝试在中小学开展综合素质评价,诸多省份也出台了实施方案,但细细阅读这些方案,不难看出,综合素质评价虚处很多,而且大多作为考试评价的附属品。就目前我国的教育体制、升学制度而言,综合素质评价能否真正落地,落地后是否能发挥其应有的效用都还是未知数。这显然和我国发展核心素养的要求背道而驰。我国发展核心素养理念的提出为当前教育评价体系的变革注入了强心剂,为建立更加注重过程性、能力性、全面性的评价机制提供了指导。从科技教育的本质属性和现实开展情况而言,科技教育活动本身的功利性色彩会少一些。毕竟没有升学压力的影响,为我们开展发展性的评价提供了有利条件。

核心素养的评价呈现为综合形态,单一的评价方法无法反映和解释核心素养。这对评价核心素养,无论是理念层面、技术层面、还是工作层面,都是极大的挑战。核心素养评价观的意义在于强调促进和调节功能,一方面让教师了解学生的学习情况,为教育教学活动调整提供依据,通过及时调整促进教学质量提升;另一方面实现教师教学和学生学习的共同进步,真正实现教学相长。就科技教育而言,将核心素养融入科技教育活动之中,最关键的是要把握住科技教育的目的是培养和提升全民科学素养这一根本任务;并以此为基础,开发、设计和实施开展相应的科技教育活动。要以核心素养理念为指导,让学生的科技教育实践置于发展性的评价框架之内,以学生是否获得相关的科学知识、是否掌握理性的科学思维、是否养成科学探究和勇于实践创新的习惯和意识为标准,对学生的科技学习探究活动进行评价,真正评估学生在整个学习过程中的表现,并以此来衡量学生是否具有可持续的、终身性的科学探究能力。

"核心素养是指一个人为适应现在生活、面对未来挑战,所应具备的知识、能力与态度,是学生在生活情境中,真实运用知识的学习表现。"[104]学生的核心素养是可以透过教学加以培养,通过学习而获得,同时通过评价加以推测的。基于核心素养开展的评价,要将评价过程和教学过程有机统一起来,在科技教育活动开展中进行全过程、全要素的评价,评价的目的是通过有效的信息反馈,使教师、学生更加清楚自身在教学或学习中存在的问题,从而加以改进、更好地促进发展。基于核心素养的发展性评价观,根本目的是促进科学知识的有效传授、科学教学的有效开展以及学生科学素养的有效提升。科技教育评价要着眼于学生未来的发展,用发展的眼光看待问题。评价不仅要关注当前学生在科技教育中的表现或者取得的成绩,更要关注学生所掌握的促进其终身学习的能力,要通过评价促进学生获得实现未来发展的能力。科技教育评价还要立足社会,担负社会使命。学生的培养,归根结底是为整个社会提供人力资源的过程,其最终还是要作用于社会的发展。评价要有鲜明的社会性导向,要考察所开展的科技教育活动是否有益于社会的进步,我们所培养的学生是否拥有社会所需要的锐意创新、勤于实践的人;评价要体现社会价值功能。通过评价,可以不断增强青少年的科技实验操作能力,扎实培养青少年的科学研究素养,不断提高青少年的创新意识和综合素质,实现科技教育活动的创新发展。

第二节 基于核心素养的科技教育的教学原则

一、问题导向性原则

任何新发现的出现都源于人们对问题的探索,因为有质疑,才引起我们求知的欲望。我们获得新知识的过程就是不断解决问题的过程。正如科学家,他们通过提出质疑,反复实验,最终获得对问题的答案。就实质而言,教育就是一个解决问题的过程,通过引导学生解决问题,使学生获得新知识。正如爱因斯坦所说的,在我们的科学研究中,问题的提出,尤其是关键的、新颖的问题的发现,要比我们绞尽脑汁去解决问题更重要,因为科学研究始于问题的提出。人类社会能够不断发展进步就是因为我们能够不断地发现新问题,对问题进行探索研究,并解决问题,从而实现人类社会的持续发展。《科学新课程标准》也提出,在科学教育中要使学生

"能在观察事物现象或科学学习过程中发现问题,具有初步的提出问题的能力"。然而在现实的科技教育课堂中,问题的提出往往成为了教师的专属,一问一答式的互动成为课堂教学的常态,本应属于学生的自主提出问题的权利被教师剥夺了,学生按照教师预设的思路,犹如木偶一般被动地实现所谓的问题解决。这样的问题引导的课堂教学完全违背了自主探究的实质,有问题之形,却无问题之实,学生科学探究的主动性和热情也无法被激发。因此,科技教育活动中要特别重视学生问题意识的培养。

  对科技教育而言,其更需要激发学生的问题意识,教师通过合理的问题设置,将所要讲授的科学知识与学生科学探究欲望有机地联系起来,将学生对事物的质疑循序渐进地导入到一个与问题相联系的情境中,让学生身临其境地解决问题。教师要对学生的提问保持包容的心态。青少年处于求知的关键时期,尤其是对各种科技、自然的奥秘保持着极大的探索欲望。因此他们经常会提出各种各样的问题,面对各种问题甚至是啼笑皆非的问题,教师必须保持平常的心态,要对学生进行鼓励,称赞他们敢于提出问题的勇气;同时也要保持耐心,对于问题进行合理的引导。对于一些性格内向的学生或提的问题不着边际的学生,我们切记,不要过度批评学生,以免挫伤他们的积极性。教师要努力激发学生提问题的热情,营造一个宽松的课堂环境,从而使学生愿意并敢于就各种事物提出自己的观点和看法,养成问题意识,用探究和质疑的态度分析所看到的各种现象,始终保持一颗求知的心。教师要努力创设问题情境,要为学生设置带有问题的情境,让学生有触景生情的感觉。教师可以利用图片、视频等多种教学形式,展示与教学内容相关的各种情景,让学生通过联想和想象,进入到学习情景中,从而使学生获得现实的体验。例如,在学习"细胞"时,我们就可以通过展示各种细胞的图片使学生获得直观的认识,也可以通过视频的形式展示细胞运动和演变的状态。由于细胞很小,用肉眼很难看到,我们可以借助显微镜让学生观察细胞。教师要善于设计各种有趣的实验,尤其是用与日常生活相关的各种实验来引发学生的共鸣。例如,在学习反冲力时,可以让学生准备一个气球,吹气后放开,观察气球的运动轨迹。这时学生不禁会产生疑问,"气球为什么会这样运动呢?"从而将学生带入问题情境。在学习压力作用时,可以拿出一支铅笔,让学生分别将两个手指放到笔尖和笔尾,并用力按压一下,感受哪个手指更疼一些。学生尝试之后就会思考为什么会出现这样差异,而这就是压力作用的不同效果。教师随即再抛出"压力的作用受到哪些因素的影响"的问题,引发学生思考。

  在设计科技教育课程时,要通过问题的设置,引发学生来自生活经验和亲身体验的共鸣,关注学生的自主探究和切身感悟,教师要有效地引导学生通过自主学习和合作研究相结合的方式进行科技学习活动,实施多样化、个性化的实践探究活动,为学生创造提出质疑、表达意见、自主探究、团队合作、沟通讨论的氛围,让学生通过发现问题、提出假设、设计问题解决方案、验证问题假设、修订问题解决方案、合理解释研究结果、呈现问题实质、自由表达成果等过程,真正理解科学研究的过程和体会科研探究的本质,提升问题意识和科学探究力。

科技教育的过程就是发现问题、探究问题,并通过实验研究和科学论证获得问题答案或科学解释的过程。由此不难看出,科学始于问题,科技教育活动亦始于问题。问题导向原则是通过对教授或学习的科学技术知识或现象的渐进式追问和探究,从而掌握知识的概念体系,获得对所学习的事物或现象本质认识的过程。这种循序递进式的提问是教师要以问题为切入点逐步引导学生从问题的角度出发进行主题式的探究,其过程是一系列由陌生到熟悉、由低级到高级、由外部现象到内部本质、由感性认识上升为理性认识的启发式活动。在科技教育活动中,问题的设置至关重要。教师所设计的问题要避免一问一答式的方式,所提问题必须是学生发现的原发性问题,要引导学生对问题进行分析和解释,并通过科学教育活动的开展,帮助学生进行深入的思考,促进学生认知结构和思维方式的更新,建构起对相关问题和知识的完整的认识和清晰的思路。这里,教师要避免使用以下几种问题的呈现方式。教师在课堂中可能会询问学生类似老虎属于什么类的动物,水分子中包含哪两种元素的问题。这类问题要求学生迅速地回忆先前学习到的有关知识。但这类问题不会引发学生对问题的深入思考,因为它们只不过是程序化的复述而已。同样,这些问题也不具有任何情境性,不会引起学生对问题的思考和共鸣。教师课堂上所设计的科学问题应是促进学生深度参与的驱动器,它能直指所学知识的本质,触及学生心灵深处。如何设计合适的问题,是教师在科技教育教学过程中必须要思考的。美国知名科学教育家兰本达曾就问题的设计举过类似的例子,能够对我们有所启发。小丽像许多小朋友一样非常喜欢各种小鸟、小鱼等动物。有一次,小丽对家中鱼缸里的鱼特别感兴趣,她对着小鱼观察了很久,看着金鱼自由地游来游去,她突然想到了一个问题:鱼缸里的小鱼是如何呼吸的。于是,她询问了姐姐,姐姐不假思索地说小鱼将鱼鳍插入水里的气泡中进行呼吸的(姐姐的回答是基于平时看到鱼缸经常充气泵向里面充气,并产生了大量气泡这样一个经验认识)。姐姐的回答使小丽对鱼的呼吸问题产生了一个认识。从小丽当时所处的情境来看,她相信姐姐的回答是正确的。让我们继续探寻小丽的学习过程。过了很久之后,小丽的父亲带着她到湖边去钓鱼。当父亲钓上一条鱼后,小丽像往常一样认真的观察着鱼的一举一动,这时她突然发现了另一个问题,即鱼的鳃部始终在一张一合地运动,看起来像是人张嘴呼吸一样,小丽还看到鱼鳃里面还有好多扇状分布的东西,颜色是暗红色的。小丽很疑惑,于是她问父亲:"鱼鳃一张一合的运动是在呼吸吗?可是姐姐告诉我鱼是用鱼鳍呼吸啊!"(这时小丽的思想处于矛盾冲突状态,已有观念和现有观察存在冲突,她内心亟待探寻答案)父亲回答:"是的,小鱼就是靠鱼鳃呼吸的。"小丽又问:"鳃是像肺一样吗?"父亲对其进行了介绍,告诉了她鱼是如何呼吸的。小丽此时豁然开朗,但她内心还有一个疑惑,就是小鱼的鱼鳍是干什么的呢?有什么作用呢?小丽继续观察小鱼,仔细看它的运动状态,她发现鱼鳍就像人的手臂一样,可以随时摆动,为自己保持水中的平衡姿态提供帮助。在小丽对于鱼的认知过程中,每一个问题都是基于现有的认识基础,并随着实践的深入加以验证、纠正和澄明的。这样的一个问题解答过程,正满足了基于问题本位的科技教育活动的要求。

同时,教师在问题设计时还要关注跨学科问题的运用。跨学科并不是简单的学科与学科之间的交叉,它是不同学科所固有的认知方式和研究范式以及学科知识的有机结合,它挣脱了原有学科再思维和认知的局限,从其他学科获得自身突破的力量,并通过跨学科实现自身发展的新飞跃。跨学科的学习,不是简单地为了解决特定的问题,而是为了拓展学科认知的界限,创造出更多的发展机遇。例如,巴甫洛夫将生理学与心理学结合,拓展消化系统的研究,获得了诺贝尔生理学医学奖;卡尼曼将心理学与经济学结合,拓展了展望理论,获得诺贝尔经济学奖。教师要有跨学科的思维,能够基于科技教育的现实问题,融合不同学科的相关知识,帮助学生实现不同学科知识的融会贯通,从而找到最优的问题解决方案。在现实教学中,我们可能常常遇到跨学科障碍问题。例如,物理课堂中,教师会指责学生不能有效地将数学上学习的演算技巧、空间几何思维能力应用到物理知识的学习上。跨学科的学习就是要实现不同学科之间的相互借鉴和学习,消除彼此隔阂和孤立的状态。基于跨学科思维而设计的科学教育问题往往具有非结构化的特点,其没有固定的程式,答案也往往是开放性的,并不唯一。通过这样的问题激发学生的发散思维,培养学生的创新意识。例如,"为什么太阳有时候是红色的""动物在水中如何呼吸""为什么汽车能够在大街上行驶"等。这些问题可以让学生充分发挥想象力,最大化地利用学生的信息搜索能力,在探究的过程中建构其对世界的认识。[106]

二、直观性教学原则

直观性是课堂教学的一个重要原则。尤其在科技教育教学中,充分地贯彻这一教学原则,不仅可以提高课堂教学效果,而且能够培养学生们的观察能力,发展学生思维,促进科学教育有效课堂的建设。"直观教学,即利用教具作为感官传递物,通过一定的方式、方法向学生展示,达到提高学习的效率或效果的一种教学方式。教师应该尽量利用学生的多种感官与已有经验,通过各种形式的感知,丰富学生的直接经验和感性认识,从而全面地掌握知识。"[107]

根据比较公认的分类方法,直观教学包括三种方式。一是实物直观。实物直观就是给孩子们准备具体的教学道具,以取得更好的教学效果。比如,我在讲解正方体、长方体、圆柱的知识时,给学生收集了很多这些形状的物体,让学生看着实物认识立体图形,比空洞地讲效果要好得多。再比如,在讲解钟表的知识时,我给学生带来了钟表的实物,让学生看看认认,然后又准备了钟表模型,让学生们自己动手拨一拨。实物直观在教学中运用得比较多。二是模像直观。模像直观指的就是事物形象的直观。这一直观手段在教学中也有比较广泛的应用。通常课件中运用得最多的就是模像直观。现代化的多媒体教学手段是集图像、声音、图画、文字、讲解为一体的。现代多媒体技术的普及和应用极大地扩展了直观的范围,集合语言、电子、视觉、听觉、视听交互的立体化的教学媒体呈现,为教师和学生充分运用现代媒体技术进行教育和学习活动提供了平台。这使得教学不再完全依赖于实物直观的限制,通过数字视听的学习环境、多媒体的教学平台,可以让学生获得更加真实、更具冲击力的感官体验。现代多媒体技术的应用还大大提高了直观教学的效率、降低了成本,提升了教学效果。利用多媒体手段,可以在短时间内为学生提供大量的、有用的教学信息,尤其是运用电子黑板等设备和相关软件,可以直接展示和操作相关的物理、化学、生物实验,不仅让学生获得了更加直观的体验,也提高了课堂教学效率。三是言语直观。"言语直观是在形象化的语言作用下,通过学生对语言的物质形式(语音、字形)的感知及对语义的理解而进行的一种直观形式。"[108]言语直观是借助语言对话对所要教授的知识加以详细的描述和讲解,从而使学生在头脑中建构知识的初步表象的过程。由于言语直观通过对话来达到学习的目的,其可以不受时间、地点和硬件设施的影响,是应用最为广泛的一种教学手段。在教学技术不发达的时代,它是进行教育和教学的主导方式。言语直观对教师语言表达能力和沟通解释能力的要求比较高,教师在教授新知识时必须对其表达的逻辑进行安排,通过循序渐进、启发诱导的方式,借助生动形象的语言描述,引发学生抽象的感知和头脑形象再造,从而获得对事物的认识。我们在教学中,应该重视言语直观。不管什么课堂,我们都要用语言给学生讲课,与学生交流,言语直观自然十分重要。教师要不断学习,提高自己的语言表达能力,通过语言描述让学生更好地掌握知识。

在科技教学活动中,实物直观、模像直观、言语直观三种直观方式不是孤立存在的,需要教师合理地、综合地运用,从而让学生获得清晰的直观体验。在科技教育中往往会遇到一些抽象的、难以解释的概念性的知识,这就需要教师从学生已有的知识经验和生活体验出发,设计合理的直观方式,如视频、实物、图片展示、实验演示等手段,让学生在头脑中对所学科学概念有一个清晰的认识。就学生认知的发展而言，学生科学认知的形成或是对某个科学概念的理解，往往需要建立在一定的感性经验或直观体验的基础之上，学生会将经验与新知识进行比对、筛选和整合，经过不断地验证、纠偏、实践等，逐步从模糊懵懂状态走向分明清晰状态，从而获得对一个科学概念的认知。在这样的过程中，实验演示和亲手操作起到了关键作用，它们能够为学生提供更加直观的现实体验。教师在教学中要善于通过实验演示、视频展现的方式帮助学生获得直观体验，从而使学生建立对具体知识的清晰认识。例如，在科学《时间的测量》一课中，教师可以先从知识梳理开始，和学生一起回顾人类在"时间的测量"中的科学发展史，包括日晷、水钟、摆钟等计时工具，并提供相应的图片、视频展示等材料，然后分"日晷组""摆钟组"和"水钟组"三个活动主题，让学生进行动手实践，完成任务单上的挑战任务。小组实践活动内容由抽签确定。教师可以先给各组分发实验任务单，让学生用两分钟左右的时间仔细阅读任务单，明确活动要求。再由组长领取实验器材，开展各自的实践活动。引导学生一边实践、一边观察、思考该类计时工具的计时原理和优缺点，及时记录在任务单上。最后结合每个活动，教师可以设计"小试牛刀"的环节，将练习检测和实践活动有机结合，让学生对知识有更深入的理解。直观教学法所使用的教具(实物、演示器、图片等)和学生操作用的学具应注重实用性和统一性。实用性是要求直观教学中所使用的教具应具有高度的概括性和代表性，必须与教学内容同步，这样便于学生感知与科技知识的联系，方便教师讲解，促进表象的转化。统一性是要求教师所使用的教具与学生所使用的教具保持一致，避免教师讲解与学生接收的脱节，促进学生积极思考，帮助其理解所学的知识。例如，在科学拓展课《自制投石机》教学中，上课前，老师可以先播放动画片《疯狂原始人》的片段——"绿爷爷过河"。绿爷爷为了过河，想了很多的办法，不断失败，不断改进，最终获得了成功。通过这段视频的展示，教师可以借此向学生传达"在科学研究的道路上，成功是需要用大量的失败来积累经验的"这一理念。老师让学生带着"大胆想象、敢于失败、不断改进"这12个字走进课堂。在学生了解了投石机的相关知识和原理后，进入制作环节，教师要保持耐心、不急不躁，给足学生设计的时间，针对学习小组设计中存在的问题进行合理的引导、改进，甚至推翻原有设想，不断完善设计方案，为后面的制作打好基础。在制作环节，教师要大胆放手、少干预，做支持鼓励者，引导学生思考、尝试、改进。

 **案例呈现**

《种子的构造》教学设计

一、教学材料设计

视频资料：农村播种、幼苗萌发的情景。
课件：有关解剖种子活动的基本要求，玉米种子的构造。
实物材料：泡涨的菜豆、蚕豆、绿豆、红小豆等种子，培养皿、镊子、放大镜、记录表等。

二、教学过程设计

课前，教师为学生播放有关播种、幼苗萌发的视频资料。请学生观察种子和萌发不久的幼苗。启发学生思考：小小的一粒种子怎么就能萌发成一株幼苗呢？这粒菜豆种子的内部会是什么样的呢？

鼓励学生将自己的真实想法简单地画在纸上。

希望通过此活动了解学生的已有概念，为课堂教学寻找一个较好的切入点。

三、教学过程

（一）展示学生已有概念，引出研究课题

教师从学生绘制的各种形色的种子内部结构的图画中，选择几种有代表性的图画，在投影仪上展示，鼓励学生说出自己绘画时的想法。

对于同样的菜豆种子，不同的学生对其内部结构的猜想和描述也不相同。菜豆种子的内部构造到底是什么样的呢？激发学生积极探索的热情，适时介绍本节课要研究的问题。

（二）指导学生初步学会解剖观察菜豆种子的构造

1. 教师演示并在讲解使用镊子解剖菜豆种子的步骤，让学生初步观察种皮和胚。

教师演示并通过大屏幕投影，向学生讲解使用镊子来解剖菜豆的种子基本步骤，鼓励学生参照教师演示的方法，亲自动手解剖菜豆种子，在学生解剖后，师生一

起观察并了解其外面的种皮和里面的胚。

2. 认识菜豆种子的种皮和胚。

学生在教师的指导下通过亲自解剖,找到菜豆的种皮和胚以后,引导学生分析:菜豆种皮是什么样的?作用是什么?解剖的胚又是什么样的?请学生用自己的话进行说明。目的是使学生通过仔细观察发现如下情形:菜豆种皮较厚,能够起到保护种子里面东西的作用;菜豆的胚有一个小缝,里面还有一个"小芽"。

3. 指导学生利用放大镜来观察菜豆的"胚",重点观察其中"小芽"的部分。

教师利用大屏幕演示使用放大镜观察胚的组成的步骤,从而使学生更好地认识胚的各部分。学生在动手解剖的过程中,可能不会特别关注到其中的两片子叶,教师在巡视过程中要注意引导,若学生首先发现的是小芽,便引导学生思考:小芽是长在哪里?它有几片瓣?教师根据学生的回答来画图,在图中指出两片豆瓣就叫菜豆的子叶。为了能让同学们更清晰地观察到组成小芽的各部分结构,为学生提供放大镜,并使用大屏幕播放相关课件,向学生讲解如何正确使用放大镜。

在教师的演示下,学生会迫不及待地进行观察。通过观察,学生可以发现菜豆的胚根、胚芽和胚轴,在学生找到这几部分后,教师可以板书其名称,让学生从整体上认识菜豆的种子具体构造。该过程可以培养学生初步的解剖种子的能力及使用放大镜观察的方法。

4. 了解菜豆种子各部分与幼苗各部分的关系。

学生通过亲自解剖观察,知道了菜豆种子各部分的名称,接下来,教师再引导学生根据菜豆种子的构造分析:这粒种子是怎样长成幼苗的呢?学生在教师的指导启发下将菜豆种子和长成的幼苗进行比较,从而了解种子各部分的发育情况,并认识到种子是有生命的。

通过这个环节,学生可以发现自己的猜想与实际情况的差别,从而更进一步加深对种子构造的认识。

(三)引导学生独立动手解剖其他种子,进行归纳概括

1. 引导学生猜想"其他种子是不是也和菜豆种子的构造一样呢?"

学生明确了菜豆种子的构造,就会很容易想到生活中还有很多种子,那么其他的种子是不是也和菜豆种子的构造一样呢?在学生有了这个探究欲望后,教师适时地引导学生大胆说出自己的想法。此时学生的想法可能有所不同,应给他们充分的时间进行表达交流。

2. 教师提供各种常见的种子,并提出动手观察的注意事项。

学生在前面的教学环节已经掌握了解剖种子的方法,又有了很强的探究欲望,

因此，教师可在这时出示各种种子，让他们利用自己掌握的技能再来解剖其他的种子。为了能更好地发挥学生的自主性，教师利用大屏幕向学生提出相应的活动要求：如果自信自己动手能力很好，可以选择有一定难度的小种子进行观察；如果觉得有问题，也可以两个人合作。要求学生把看到的结果如实简单记录下来。为了突出观察记录的真实性，这里要求教师具体指导学生的记录，强调学生自己看到什么样的结构，就简单画下来，切不可以完全模仿教师的板书。画完以后，可以先在小组内进行交流（培养学生认真细致的观察态度以及实事求是的科学精神）。

3．每个学生都根据自己的实际能力及兴趣选择了不同的种子进行解剖和观察，为了更好地进行归纳概括，教师在适当的时候组织学生进行集体交流汇报：你观察的是什么种子？它是由几部分组成的？通过组内的交流，你有什么发现吗？这一步主要体现学生合作的意识，并且为后面的归纳概括奠定基础。

4．引导学生归纳概括：结合大家的汇报，你认为这些种子的构造与菜豆种子有哪些相同之处？让学生自由表达，通过学生间的补充交流，逐步完善，进一步明确菜豆一类种子的构造。

（四）认识另一类种子的构造

1．在前面的环节中，学生认识的只是菜豆一类种子的构造，相信此时此刻，有的同学也会想到这个问题：是不是生活中所有的种子都是这样的构造呢？如果有学生提出这样的问题，教师应顺势引导学生进行猜想，如果学生没有提到，教师可以直接提出这个问题："在我们生活中还有一类种子"，并出示玉米种子，问："你认为它的构造会不会和菜豆种子构造一样呢？你是怎么知道的？"

不同的学生想法也会各不相同，此时应鼓励他们根据生活经验去猜想，充分表达自己的观点。

2．在学生产生分歧意见的时候，教师播放课件展示玉米种子的构造。

学生通过观察课件，了解到玉米种子的构造与菜豆这类种子的构造是不同的，并且使学生意识到猜想是需要用事实来验证的。

（五）课后延伸，介绍观察玉米种子生长过程的方法

通过整节课的观察活动，学生对种子的构造已经有了科学的认识，那么种子究竟是怎样长成植物的？为了进一步激发学生探究植物种子的兴趣，教师可以将课上的知识扩展延伸到学生的实际生活中。出示玉米幼苗，引导学生课下亲自去种植一粒种子，观察它的生长过程，并记录下来。

【案例分析】

  小小的一粒种子对学生而言,其外表是熟悉的而其内部构造又是陌生的。为了让学生能够运用工具自己观察并认识到生活中常见的种子的内部构造,教师需结合课堂教学的实际情况,通过直观的教学材料,从不同思维角度出发,设计不同教学过程,在培养学生科学思维的基础上,不仅使学生掌握解剖种子的基本技能,又使其认识种子内部的构造,激发学生对探究植物的浓厚兴趣。在本课的教学过程中,教师很好地关注到了学生原有的生活经验,让学生的原有概念更好地为后面的探究服务,并以此作为探究的起点。为了更好的引导学生进行探究,教师在课前进行了充分的准备活动,很好地调动了学生原有的生活经验,课前老师精心为学生准备了一段农村种地的视频资料,调动他们的原有生活经验,并且观察比较菜豆种子的幼苗和菜豆种子,让学生猜想种子里面会是什么样呢?这样的设计,既节省了课上的教学实践,又充分地调动了学生的前概念。加强了对学生动手能力的培养,学生在教师细致、科学的指导下,熟练地掌握了解剖种子的方法。学生参与探究的积极性很高,思维水平也有了一定的提高。

(作者:密云县西田各庄疃里小学王小菊,案例来源:兴华科技教育网。)

三、学习共同体原则

  共同体由单一词汇发展演变为一种学术性的概念,首先是由德国社会家滕尼斯于19世纪80年代作为社会学的概念提出的,其对共同体的研究成果主要集中在《共同体与社会》这本著作之中。"滕尼斯使用共同体这一概念的目的在于强调人与人之间的紧密关系,共同的精神意识以及个体对共同体的归属感和认同感。共同体不仅是一个抽象的准则,而且还是一种生动而重要的人类体验。"[109]

  学习共同体在成员组织上包含学习者、教育者和学习辅助者等,他们为了共同的学习目标,在共同的信念和价值观指导下,相互帮助、共同协作,共同达成学习目的,实现共同体及其成员的共同发展。学习共同体的持续运行需要有着崇高而正确的核心价值、信念和使命,我们将其称为共同的学习愿景。如果没有共同的愿景,就不可能凝聚其团队的力量,也就不可能组建学习共同体。学习共同体要营造合作的组织氛围,建立知识学习与知识分享的环境。学习共同体成员间要充分信任,要学会协作、共同进步,并愿意分享自己的学习成果。在知识学习的过程中,必须强调合作与分享,要建立起分享的学习机制,增加学习信息的流动性,从而构建一个面向全体的、充满生机的、持久的学习场所。在学习共同体中,教师的角色不再是单纯的教授者,而是共同的学习者和学习的促进者,教师要保持持久的、积极的心态,关注学生的学习问题,提供良好的外部氛围和有力的支持条件,要不断激发共同体成员的合作意识和团队协作,彼此分享和学习,培养对学习和成功的责任感。

从传统的科技教育活动和当前科技教育教学存在问题来分析,传统科技教育学习方式存在着教师一味地关注教学进度,忽视学生的问题;教师是课堂主体,将知识掰碎了、揉细了"喂"给学生,而学生则被动接收和学习,缺乏思考;教学的难度和目标设计一致,可能导致"优秀学生吃不饱,弱势学生消化不良"的情况。而学习共同体的教学有效地解决了这些问题,并提出了解决的方案。学习共同体的教学强调学生是课堂的主体,教师变成了辅助者,共同建立互相倾听的学习关系;课堂教学设计回归学科本质,围绕核心素养设计教学;教师通过设计不同层次的学习任务(基础任务、伸展跳跃任务),刺激学生主动学习。学习共同体的教学策略是倾听,倾听也是一种学习,在倾听中思考,分享更多的可能性。教师亲自示范倾听,对所有的学生都表现出高度的耐心和高度的期待,为同学们彼此倾听做出榜样。串联,教师设计出有价值、有意义的挑战性课题,让学生自主思考,并引导学生将所有的学习与昨天的学习、与生活经验、与同伴的学习串联(信息的提取多元、多层次,让知识立体起来)。回归,当学生学习发生困难、遇到障碍时,让他们回到起点(回到文本、回到同伴间),体会协同学习的快乐,增进学习效果。基于学习共同体的科技教育课堂需要教师在和谐融洽、真诚沟通、关怀互助的课堂氛围中,精心打造一个面向全体的、充满生机的、持久的学习环境,让科技教育活动在良好的环境中展开,使学生真正在合作中学习、在探究中学习、在共享中共同成长,从而实现高效学习。其中包括教师与教师、学生与学生、学生与教师等共同体的建立和运作,更包括教师与家长,学校与外部各种社会资源之间的共同体关系的确立。总之,学习共同体将各种科技教育的主体、要素、资源以一种科学合理的模式结构加以统整,是一个良性的生态系统。

基于学习共同体的科技教育,必须关注社会交往和人际关系的作用。团结合作需要学生考虑自己及其同伴之间关系,将自己置于共同体中与成员一道解决问题,并通过彼此合作学会分享,加强知识和技能的创造性学习。无数的事例证明,学习共同体尤其是小组之间的交互学习对学生学业是十分有益的。每个成员都有自己的学习风格和认知体验,这些不同的学习风格和认知体验将成为成员之间彼此共享的基础,通过相互合作交流让学生可以从不同的角度获得对知识的理解和认知。例如,在学习矿物知识时,在传统教学中,教学生如何鉴定矿石包括以下一系列步骤:给学生们提供一些工具(如各种水晶的照片、玻璃板、铁钉、硬币、弱酸、放大镜等),一步步地演示怎样使用这些工具,然后让学生根据演示过程学习如何鉴定矿石。现在让我们使用不同的方法,假设学生被告知要扮演地质学家的角色,他们的工作是探明本地矿石的储备情况,以便帮助地方政府制定相关政策。

给学生们提供的工具和矿石都和上面提到的一样,让学生组成小组开展工作。在这种情况下,学生的好奇心得到满足,这种发现的自由消除了他们害怕没有使用"正确"方法的恐惧感。在完成最初的鉴定后,指导者鼓励学生讨论他们所使用的各种方法(如比较矿石之间的相同之处和不同之处、根据不同的特点进行分类)。这时,教师为学生介绍标准的矿石鉴定方法,并让学生自己找出这种方法的优点和缺点,然后学生通过鉴定一组新的矿石来应用和扩展他们的知识。在矿石这一单元的后期,学生被带到本地的一个矿场或郊外,并被告知需要鉴定出尽可能多的矿石。随后在接下来的一节课上进行作业讨论,学生以个人或小组形式做报告并与同学分享他们的经验,这样可以帮助他们在不同的创造技能之间进行分析和比较。

学校是开展科技教育活动的主阵地,但学校的资源是有限的。这就需要学校整合各种社会资源,构建学校-社会科技教育共同体。现在各个中小学校普遍开展的各类研学实践活动就是实现社会资源有效整合的一个不错的路径。当然,研学实践活动的类型是十分广泛的,科技教育研学活动作为其中的一个重要部分,借助研学实践这一平台,中小学校能够借助各类的城市展览馆、历史博物馆、科技展览馆等公益性质的文化科技场馆开展相关的科技教育活动。同时,学校、教育研究机构和文化科技场馆可以共同建立科研机构,发挥各自的优势,开发适合青少年的科技教育研学路线和课程,从而使各类文化科技场馆真正发挥科普教育主阵地的作用,发挥最大的社会效益。例如,著名地质学家李四光所说:"真正的科学精神,是要从正确的批评和自我批评发展出来的。真正的科学成果,是要经得起事实考验的。"学校开展科技教育活动还应该充分利用知名企业家、著名学者、民间工艺大师等各种社会资源,主动"请进来",邀请热心教育的民间人士到校讲学;同时还要"走出去",带领学生深入工厂、博物馆、科技馆等场所,把教室搬到校外去,"走出去"的另一层意思是把学校的优质资源辐射出去,在不同学校之间进行资源的优势互补。[110]

 **案例呈现**

《摩擦力》

一、教学目标

1. 认识摩擦力,以及它的方向和测量方式;知道增减摩擦力的方法。

2．通过探究实验研究滑动摩擦力的大小和什么因素有关。

3．培养学生乐于观察和思考，勤于动手的学习习惯；鼓励学生积极开展实验，体验成功，体会自然科学的魅力。

二、学情分析

学生对力学已经有了初步的了解，尤其已经学习了重力和弹力，学习了牛顿第一定律和二里平衡，已经有了充足的知识储备学习摩擦力，同时生活中摩擦力处处可见。以上这些都为摩擦力的学习奠定了坚实的基础。

三、重点难点

教学重点：结合生活实际进行合理猜想和实验探究。能对实验表格进行合理分析和评估，提出问题并解决问题。

教学难点：猜想摩擦力大小可能与哪些因素有关。设计实验表格，体现控制变量法。

四、教学过程

活动1【导入】创设情境，引出问题

1．情景引入

(1) 教师拿着一根棒光滑的一端演示没拿住。从而设疑——为什么滑掉了？

(2) 然后再拿着棒粗糙的另一端演示拿住了。继续设疑——又是为什么呢？

(3) 问："同学们想不想试一试呢"？让一个男生和一个女生进行拔棒比赛，男生（握着光滑那端）竟然输了。是什么原因呢？

教师：有一种力，如果没有它，我们将无法行走，更拿不住物体，车辆无法启动和停下，笔也将无法写字。是什么力这么重要呢？———摩擦力

2．师生感受

教师引导学生做几个小动作。

学生体验：用脚搓地面→感受；用手搓桌面→感受；双手对搓→感受。

活动2【讲授】引导探究，感悟新知

摩擦力的方向和测量

1．视频介绍滑动摩擦，进而导出摩擦的三个种类。

2. 师生体验

用手在头发上向前滑动受哪方阻碍？从而引出摩擦力的方向，在此基础上引出摩擦力的测量。

粉笔在黑板上向右画线受哪方阻碍？让学生到黑板画出物体水平方向受力示意图，并说出分析根据。

教师启发学生，根据物体受平衡力从而间接测量摩擦力方法——转换法。因为物体受平衡力时才能测量出摩擦力。

学生思考讨论总结出：当物体水平匀速直线运动时，才能间接测出摩擦力大小。

活动3【活动】探究活动

研究影响摩擦力大小的因素。

经过小组讨论，学生得出几个要素。

提出问题：决定摩擦力大小的因素是什么？

猜想与假设：教师引导学生根据生活经验，说出猜想。

以探究活动为主线，培养学生发现问题、提出问题并表达自己的猜想的能力。让学生理解物理从生活中来。

设计实验：学生自己设计方案。

方案1：探究摩擦力与压力的关系。

方案2：探究摩擦力与接触面粗糙程度的关系。

方案3：探究摩擦力与接触面积大小的关系。

方案4：探究摩擦力与物体运动速度的关系。

方案5：探究摩擦力与物体形状的关系。

学生以小组为单位，通过小组讨论得出自己的方案，每个小组推选一个学生讲述自己所在小组的实验方案，该组的另一名学生上讲台找出自己实验方案涉及的器材，并把器材按自己的实验方案摆放出来。

设计意图：培养学生设计实验方案的能力，培养学生初步探究物理规律的能力，有利于引起学生的实验欲望。

进行实验：学生以小组为单位动手实验。

组内每个人即有分工又有交流合作，共同设计实验表格、填写数据。

教师强调：注意弹簧测力计要匀速拉动。

实验1：利用木块和钩码改变压力大小。探究压力对摩擦力的影响。

实验2：利用毛巾和长木板探究接触面粗糙程度对摩擦力的影响。

实验3：利用木块放置方式不同，改变接触面大小，探究其对摩擦力影响。

实验4:利用木块和长木板改变木块移动速度,研究其对摩擦力的影响。

实验5:改变小车的放置方式(正放和倒放),研究形状对摩擦力的影响。

此处使用的实验工具是:弹簧测力计、长木板、小木块、毛巾。

学生组内合作交流,得出结论。

学生自主展示实验数据和表格,用投影仪展示自己的表格并且解读表格中数据的含义。

学生分析收集到的实验数据,并进行组内交流,以得出小组结论。

实验结论:滑动摩擦力与压力大小有关,压力越大滑动摩擦力越大。

滑动摩擦力与接触面粗糙成度有关,接触面越粗糙,滑动摩擦力越大。

滑动摩擦力大小与接触面积大小和速度大小无关。

设计意图:充分体现小组内的交流、讨论、合作、竞争、让学生感觉到物理的科学性和魅力。

活动4【练习】组织实践,运用探索

用得到的结论解决实际问题,做到学以致用。

1. 当鞋底花纹变浅时走进食堂吃饭易滑倒,是因为_____。为了防止滑倒,要穿鞋底粗糙程度_____的鞋子,这是为了_____摩擦力。

2. 骑自行车时,为了让车尽快停下来,可以用力刹车,通过增大_____来增大摩擦力。骑自行车过冰面时,为了安全通过,可在冰面上撒土,通过增大_____来增大摩擦力。

活动5【活动】谈谈收获,课堂小结

学生:说出本节课的收获,对自己所在小组进行评价和总结,并把自评分数写到评分栏中。

教师:布置课后任务——绘制本节课的知识网络图。教师出示自己的网络图,以供参考。

活动6【作业】布置课后作业

课后物理小组的探究内容:自行车上的有益摩擦和有害摩擦。

【案例评析】

在实际教学中小组合作是开展科技教育探究活动的最常用方式,以小组为单位组织教学能够充分发挥学生学习的主体性和主动性,能增进学生间的感情,培养学生的人际交往能力,使学生在交流讨论、互帮互助中获得知识,促进学习共同体

成员共同探究新知识。本课例中,摩擦力是看不见、摸不着的、一种无形中存在的力,是非常抽象的,这给学生的学习造成一定的困难。通过小组合作讨论方式,让学生通过自己的亲身体验和身边器材来探究摩擦力的影响因素,这样的设计充分调动了学生的学习热情,让学生体会到了成功的喜悦,培养了学生和他人的合作意识和能力。教师在设计猜想摩擦力影响因素的环节时,不仅让学生说出猜想,还让其说出能支持自己猜想的事例,这样就可以避免学生盲目地猜想和不切实际地瞎想。在探究的过程中让小组学生共同设计探究的各个环节,并在实验中及时进行修正,最后以小组为单位呈现学习成果。这样的设计不仅加强了学生对探究环节的掌握,更促进了小组成员的共同学习和进步。

(作者:阜新蒙古族自治县福兴地学校 李国红)

第三节 基于核心素养的科技教育的教学实施

一、关注核心素养培养,把握科技教育本质

从核心素养出发,科技教育的本质是促进学生科学素养的提高。青少年科技教育要始终围绕这一目标开展。教师要紧盯核心素养目标,把握教学的正确导向。为了实现科技教育应有的教学价值,我们必须在核心素养理念框架下深入思考科技教育问题,并以核心素养理论为指导,引领科技教育活动开展,这就要求教师要主动将核心素养要求纳入到科技教育的目标和科学课程的标准以及相关的教学目标中去,对整个科技教育实施体系、课程体系、教学模式及方法等进行系统的、整体的研究和把握,准确认识科技教育的教学目标,始终以学生科学素养的提升为目标,创新教学方式方法,增强科技教育实效。就一堂科技教育课而言,教学目标是教师对自己所教授内容最终达到何种效果、学生知识能力水平达到何种程度的提前预设。教师教学活动的开展要始终围绕这个预设的目标进行,并为了目标的达成及时调整课堂教学进度,当教学过程完成后,还要以教学目标为基准衡量评价自身教学的成果。教师必须从科技教育提升学生科学素养能力的定位出发,合理地设计相关教学目标。毋庸置疑,科技教育教学目标的确定是我们开展科技教育的前提,它能够指导我们开展教学活动,保障科技教育不偏离主线,能够根据时代变化和教育教学新要求及时调控我们的课程实施,能够对科技教育教学活动所取得的成效、学生学习成果、教师教学水平等做出科学评价。就目前而言,基于核心素养的科技教育的宏观目标已经确定,即提升学生科学素养,具体到微观层面,每一节课、每一次活动,我们又该如何确定一个具体化

的目标,这就需要我们把握科技教育的本质,从科学素养培育的初衷出发,将学生科技文化基本知识的获得、科学思维方式的养成、科学态度和对科学的热爱之情,以及树立正确的科学伦理意识有机地结合起来,确定一个具体的、可操作的目标,从而有效地指导科技教育活动的开展。例如,在教授《用橡皮筋作动力》一课时,借由对课程标准的剖析,并结合学生学习情况,得出这样一个结论,"即在学生现实生活中,所遇到的弹性和弹力现象很多,学生也司空见惯,但真正有目的地去注意这种现象,并进行研究的很少。本课设计应让学生通过动手做、动口说、动脑想等方法,多方位强化学生对弹力的体验与感悟,增进对弹力的产生和大小认识。基于这样一个判断,根据这三个探究问题和学生的前概念水平,可以确定如下三个教学目标:一是了解弹力是物体形状改变时产生的要恢复原来形状的力;橡皮筋的缠绕圈数越多,弹力越大,小车运动的距离越远。二是用橡皮筋给小车制造动力;做橡皮筋缠绕的圈数与小车行驶距离关系的实验。三是知道认真实验、收集数据、进行解释的重要性。显然,这样的教学目标更具体、容易操作,更利于开展有效的探究。"[111]

教师要树立正确的教材观,科学合理地使用教材。这里涉及教材定位的问题。教材作为教师和学生实现知识互动的一个重要的载体,也作为课程标准和教学内容承载的平台,在教学活动中发挥的作用是不言而喻的。然而教材重要但绝不是唯一的信息来源,知识的来源是广泛的,教材只是引导学生进行科学探究和认知发展等提供的一个范例。尤其是对更新速度很快的科技知识而言,教材的内容更新绝对跟不上现实中科学知识的更新,因此,科技教育所涵盖的知识决不局限于书本教材,不仅需要教师适时地进行删减剔除、拓展延伸,还要教师适时地进行跨学科的内容整合。教师要认真分析班级学生学习状况,了解学生现有的知识经验和水平,并实现教学目标和教学环节与学生已有知识经验的有效衔接。在此基础上教师要灵活地使用相关教材,针对现实教学情况加以补充或删减相关授课内容。同时,教师要根据科技教育的内容和学情等适度地对教学目标进行优化调整。一言以蔽之,就是要想好我们要向学生呈现、提供什么内容,如何呈现这些内容。例如,在《保护鸡蛋》一课中,本课属于"材料"单元,建立在前几课研究材料的特征、材料的选择等内容的基础上,进一步使学生认识选择合适的材料对于制作物品的重要性。教学的重点应放在让学生根据保护鸡蛋的要求,有目的地选择材料进行创造性地加工上。但是一节课时间有限,这就需要教师对所讲授内容进行一个合理的调整。教师可以把制作"鸡蛋保护器"的内容放到课前,要求鸡蛋不碎就行,不管做成什么形状和使用什么材料。这样学生就有足够的时间设计(还可以利用家长资源)、制作、改进。在教学时,可以先让学生介绍自己制作的鸡蛋保护器,然后进行比赛,了解鸡蛋破碎的原因,最后通过让学生反思失败原因、教师播放课件,拓宽学生改进思路、每组选出该组制作最好的再比赛、教师展示等环节,使学生明白影响鸡蛋保护器保护效果的因素和了解常见材料的不同特性及创造性的选择材料。

二、关注探究式教学,促进科学概念自我建构

勇于探究是我国学生发展核心素养的重要评价指标。"学生发展核心素养在自主发展方面,需要学生学会学习,要能正确认识和理解学习的价值,具有积极的学习态度和浓厚的学习兴趣;能养成良好的学习习惯,掌握适合自身的学习方法;能自主学习,具备终身学习的意识和能力等。"[112]科学探究精神是开展科技教育活动的所必需的一种学习品质,在科技教育活动中开展形式多样的科学探究实践或实验,是促进学生科学素养有效提升的重要手段。教师在进行教学设计时要特别注重探究环节的安排,将探究贯穿于科技教育活动的始终,创造有利条件,提供尽可能多的机会,让学生主动参与到科学探究的活动中来,在探究中加深学生对所学知识的理解,使其通过切身的科学体验促进对科学本质的理解,并进一步锻炼学生的创造力。青少年科技教育活动必须关注学生日常生活的现实经验,以学生的亲自体验或感受到的现实问题为切入点,激发学生对问题的探究欲望,真正发挥学生学习的主动性。内在学习动力是科技教育取得良好效果的前提,学生只有对所要学习的科学知识生发出强烈的学习兴趣,自然而然地就会主动地去尝试、探究。

从思维的发展过程来看,探究是一种心理作用机制的外在表现,其内在动力为学生内心对未知事物的好奇和探索的欲望。科学探究的成效在很大程度上受教师课堂中所采取的教学方式的影响,教师在进行教学要充分考虑所学新知识具有的要素,合理安排探究的方式,正确选择探究实验的方法,并综合运用校内和校外各种学习资源,为学生探究活动的开展创设良好的情境,帮助学生更有效地发现问题、提出问题,使其借助已有的知识经验基础,主动去设计团体解决方案,并通过团队协作,对方案进行验证,寻找科学规律,最终获得科学结论。例如,在《水果电池》一节课中,教师可以先引入一个问题,香蕉、苹果、梨这些美味的水果除了拿来吃以外,还能用来做什么呢?听说水果还能够发电,这是真的吗?通过这些问题的设置,激发学生好奇心,然后引导学生开展实验探究。让学生用炭棒做正极,用锌片做负极,分别与一根带鳄鱼夹的导线相连,再将连有导线的炭棒和锌片分别插入一个橘子里。这时,学生又迫不及待地将一个二极管用夹子夹住接入电路中,期待着二极管发光。但是,在这个过程中出现了点插曲,有的小组尝试了几次,二极管就是不发光。这时,学生会感到疑惑,莫非水果电池真的只是一个传

说？在这里，教师要做出合理的引导，帮助学生找到出现问题的原因。教师引导学生查看电压，学生不禁发现，二极管的导通电压是0.7V，莫不是这个橘子电池提供的电压不足？于是学生用电压表，测试一下它的电压值。果然，它产生的电压只有约0.5V，达不到二极管发光的要求。这时，学生已按捺不住兴奋的心情了，水果可做电池，这不只是一个传说！接下来学生用一根导线将一个铜片和一个锌片连接起来，分别插入两个橘子里，用电压表测量了这个水果电池的电压，电压显示将近0.8V。接着，学生将二极管接在这个电源上，二极管瞬间被点亮了，从而证明水果确实可以发电。这时教师要进一步解释相关的原理：这个现象是由二极管的单向导电性造成的，二极管的两个脚长短不一，当电流从长脚流入、短脚流出时，二极管就像一个良好的导体，电流可轻易流过，二极管就发光了；反之，若电流从短脚流入、长脚流出，二极管就像一个良好的绝缘体，不允许电流通过，所以二极管也不发光。二极管是由半导体材料做成的，这正体现了半导体的导电性以及介于导体和绝缘体之间的含义。同时教师还可以进一步告诉学生其他水果电池的电压是多少，如苹果电池的电压是0.94V、香蕉电池是0.84V，并鼓励学生课下自主探究。通过实验，有的学生认为"又大水又多的水果制成的电池电压高"，还有的学生认为"新鲜的水果电压要高一些"，这说明实验进一步激发了学生继续探索"水果电池"秘密的热情。

三、关注课堂教学生成，提高科技教学有效性

在任何教育情境下，课堂作为教师和学生知识交互和传递的主要阵地和平台，其在教育中的作用都不能被忽视。教师的教学设计不仅需要以独特的个性魅力来展示教师所特有教学风格和能力，教师还必须积极引导和帮助学生达到学习知识的目的。课堂始终是运动变化的，没有一成不变或程式化的课堂，这是由学生的复杂性决定的，更是由教育的不确定性决定的。在课堂中，可能随时出现各种的突发事件，这就需要教师运用教学智慧加以应对。课堂的复杂性决定了课堂教学的生成性，教师要根据随时可能发生的变故，积极地调整教学内容和教学进程，保障教学有效地进行。有效的课堂教学是指，教师和学生之间必须建立平等的关系，真正做到教学相长。教学活动究其实质而言，是师生之间对话、交流、知识创生的过程。教师要通过对话交流的方式，了解学生的所思所想，了解对问题的认识和想法，平等相待、互相尊重，共同探索科学的真相。在科技教育课堂教学中，教师要注重情感投入，在轻松和谐的氛围中，将所要探讨的科学问题，由浅入深、层层递进的呈现给学生，同时随时关注学生在学习过程中的表现，了解学生对新知识的掌握程度，并以此为依据及时调整授课内容和授课进度，从而对学生进行启发诱导，并为学生

留有进一步探索的空间,激发学生对新知识的强烈探求欲望,使其建构起对新知识的理解,在头脑中生成新的知识体系。

  为实现课堂教学的有效生成,教师在设计科技教育课程时,要做好充足的准备,尽可能多地预设可能出现的各种情况。因为课前不管你认为自己的教学方案和流程设计得多么合理,在实际教学中都不能保障教学进程完全在你的把控范围之内,你需要随时掌握和处理应对课堂中的新情况,运用教学机制实现师生之间的有效交流,帮助学生生成对新知识的理解。例如,在《蚂蚁》一课中,教师通过分析学情认为,蚂蚁是日常生活中极常见的动物之一,因此对三年级的学生而言,从日常生活经验和认知体验来看,学生对蚂蚁应当已经有了一定的认知,关于蚂蚁的各类谚语或者各种童话故事学生都能列举一二。同时,三年级的学生正处于前概念思维阶段,他们已经拥有了一定的观察事物、语言表达的基本能力,但是他们的思维还处于无意识的外部言语阶段,他们对事物的认具有感官化、直觉性、浅层性的特点,因此他们对蚂蚁的认知还是一种直观化的、表面的认识,对一些蚂蚁的生理特征和生活习性等并不了解,所以该节课要引导学生采取合适的观察方法了解蚂蚁背后的故事。基于以上的分析,教师对教学过程进行设计时可以采用分步进行、环环相扣的方式引导学生开展观察探究活动。首先先观察、找区别,让学生根据原有的印象画出蚂蚁,同时观察器皿中真正的蚂蚁,进行比较,寻找两者的不同。当然,由于小学生天性好动的特点,或许个别小组会出现只顾玩耍而没有认真观察的情况,这时教师要进行合理的引导,发挥小组协作的作用,让学生收心归位,认真进行观察。在观察中,学生要随时记录所观察到的不同点,并以小组为单位说出所发现的不同点。通过这样的环节设计,激发学生学习的兴趣,并由对于这些不同之处原因的探究引入蚂蚁生理特征和生活习性的学习之中。教学正式开始后,课程的运行按照教师设计的思路有条不紊地进行,然而在小组观察讨论时,一个学生突然提出这样的问题:"蚂蚁会叫吗?蚂蚁会说话吗?蚂蚁之间怎么聊天呢?"面对学生突如其来的问题,而且还是教师备课时没有想到的问题,这时教师必须保持冷静,根据课堂情境的变化,及时改变原有的教学流程和思路,抓住教学时机,快速反应,引导学生对此开展探究活动,使课堂效果达到最佳。

  从这个案例中我们不难发现,在课堂教学中,由于课堂教学内容的广泛性、学生自身的复杂性以及学习小组交流活动引起的思维波动的不确定性等,课堂教学不可避免地会遇到各种随机的、不可预见的意外教学事件,这类超出教师预料之外的事件称为生成性教学事件。由于科技教育的新奇性和可探究性,在科学课堂中,这类事件随处可见。青少年科技教育活动要特别关注学生自我认知的建构和学习目标的自主生成,在合作探究活动中,教师要合理使用教学中的权利,明确引导者的角色定位,充分尊重学生学习的主体地位,让学生成为科学探究的主角,在合作中发现问题、研究方案、探究实验,通过一系列环环相扣、层层递进的教学过程,引导学生探寻答案,发现科技的奥秘。

四、关注科技实验活动,规范科学探究程序

科学实验活动是青少年科技教学的重要组成部分,是教师进行教学的重要手段,也是开展科技教学活动的有效形式,它能够给予学生更直观的感受,从体验中获得知识。同时,科技实验活动也为科学概念提供了实践证据与理论依据。科技实验教育是现代科技教育一种重要的教育手段。教师要通过多种形式的科技实验活动培养科学探究的兴趣,培养学生科学的思维方法,使学生更加亲近科学、学会运用科学,使他们在科学实验中,体验学习科学的乐趣,增长学生科技文化基本知识,养成科学思维方式,端正科学态度和对科学的热爱之情,树立正确的科学伦理意识。科技教育活动必须将科学实验融入到教学过程中去,并针对不同类型的实验采用不同的教学策略,从而更好地达到科技教育的目的。在科技教育活动的开展过程中,教师要根据所教授内容的不同准确选择实验的类型。就科技教育活动而言,科学实验往往是探究型的实验,即对所要学习的对象的各种属性、特征以其影响其变化发展的各类相关因素的研究。教师要根据所学内容实验对象的不同,详细研究教材,并根据所教授学生的年龄特点和学业情况,有针对性地设计实验流程。同时,在实验操作阶段也要对学生的实验进程进行及时的掌控,引导学生提出新问题,发表观点和看法,以实验事实为依据,认清研究对象,得出正确结论。在开展科技实验时,教育工作者要注意以下几个问题:

一是实验前教师要加大对教学内容的研究力度,围绕科学素养提升这一目标,结合教学内容、学生学习基础、外在的实验条件等情况,科学合理地选择实验类型,制定实验方案和流程。同时按照实验安排准备好各种需要的实验器材。比如,在《温度与气温》一课中,可以设定"在什么地点测量温度最能代表当地的气温"这类问题,并提前预设学生在实验过程中可能提出的一些问题,尤其是可能出现的"想象与现实相矛盾"的问题,如学生可能会在课上提出"测量温度应该在通风、太阳直射的地方",然而现实恰恰相反,"是在通风、有阴凉的地方测量到的温度更能够代表当地的气温"。教师课前必须认真分析实验的每一个过程和环节,做到有备无患,在教学中对学生的问题进行合理的引导,帮助学生通过实验探究获得答案。另外,教师要做好是实验前各种材料的准备工作,尤其是一些需要学生提供或需要自制的材料,要布置学生利用课余时间准备自制教具。学生在材料准备和自制教具的过程也是一个自主探究的过程,有利于加深学生对所学知识的认识。教师要树立科学探究不局限于课堂,也不会止于下课的观念,科学探究无处不在,只要学生

有新的问题产生,随时随地都可以展开探究活动,因此教师要综合运用校内和校外、线上和线下的各种有利资源,并教给学生正确探究的方法,引导学生广泛开展科学探究活动。

二是实验中要充分发挥学生主体作用,组建学习合作小组,以小组为单位,开展实验活动,真正建立一个科技教育学习共同体。针对实验情况,要教育引导学生认真观察和学会思考各种科学现象,同时要组织学生做好各类实验数据的记录工作,通过实验让学生熟知科学实验的全部流程和所要注意的相关事项,包括实验目标、研究内容、器材工具、问题预设和猜测、实验流程安排、数据记录分析、信息整理、归纳概括和分析等,使学生真正参与到实验中去,真正有效地提高学生的科学素养。

实验操作必须按照相应实验流程进行,这既是实验数据精准科学有效的前提和保证,也是保障实验操作安全性的要求。科学实验切记不要为实验而实验,实验结果固然重要,但是学生在实验过程中的探究更加重要,切记不能落入形式主义的窠臼。例如,在教授《食盐在水中溶解了》这一课时,"学生在做面粉是否溶解于水中的实验时,要求学生仔细观察不轻易下结论。许多学生在经过一段时间的观察后发现面粉出现了沉淀,这是不溶解的一个特征。这时候能下结论了吗?这杯混合物的上半部分还不能确定,要做进一步的研究,对混合物进行过滤,才能得出结论。学生的心能静下来,对科技实验来说非常重要。吵闹是没有意义的,比速度只会使他们越来越浮躁。"[113]

在实验过程中,还有一个重要的环节,就是实验记录。学会做实验记录是科学学习的重要内容之一。实验记录能较好地保留学生在观察、实验等活动中发现的现象,出现的问题,好的想法、数据等。相关研究证明,在进行科学实验时,学会准确地记录各种实验过程和结果,既是对学生实验操作效果的一种检验,也是保证实验结果有效性的重要条件。良好的实验记录能够帮助学生更好地认识实验,帮助他们理解相关科学知识。例如,在《观察一瓶水》一课中,学生在掌握一些观察方法,了解物体具有重量、形状等属性之后,学习对水进行观察和描述。学生需要观察、比较水和洗发液的相同和不同,观察、比较水、洗发液和木块的不同,在观察的过程中要记录观察比较的结果,并在观察结束后能够用自己的语言将观察结果表述出来。这些观察记录的是学生直接的现实体验,能够帮助学生快速地将问题弄明白。

三是实验后,一方面,教师要引导学生进行实验总结,并将实验的结果与所教授的知识内容进行有效的整合,让学生将实验体验与课本学习内容建立有效的连接,从而使学生更好地掌握所学知识内容;另一方面,教师也要对实验进行反思。例如,要反思实验目的是否都达成,实验的实施与教学内容是否搭配妥当,对实验在科技知识中地位的判断是否准确,教学的重点难点有没有在实验预设中顺利地加以解决;实验的设计是否严密、科学;是否通过一系列的实验操作引导和帮助学生在活动中形成合作、交流、探究等能力并构建科学概念;实验材料准备是否充分,是否根据知识内容提供了符合结构的材料;实验过程中学生是否有效参与,各种教学资源是否得到有效利用;实验探究小组之间的合作是否有效。教师要通过实验反思总结经验教训,"进一步引导学生有目的地观察实验现象,并能设计一些问题,让学生在实验中观察和思考,引导学生根据实验现象探究物质的本质及其变化的规律。教师还可结合教材内容,对实验进行增补,增强实验的效果,加强实验内容的实用性和趣味性,激发学生对实验的兴趣,进而发挥学生的主观性,增强学生积极主动的参与意识,借助对实验现象的分析,综合归纳,提高学生分析问题和解决问题的能力。"[114]

为实现科技教育课堂教学有效性,在关注核心素养培养、探究式教学、课堂教学生成、学生学习内驱力和科技实验活动的基础上,教师还应该避免在教学目标设置、问题设计、教学探究、学生探究等方面产生一些教学误区,从而改进自身教学方式方法和实施流程,更好地唤起学生的注意,激发学生的学习兴趣,培养学生的质疑能力,创造积极的课堂心理气氛,有利于促进学生数学思维的发展,优化课堂结构,提高课堂教学效率。

(一)避免主次不分,保证学生集中时间重点探究

不分主次、时间分配不科学是造成课堂教学低效的原因之一。每节科学探究课都有一个重点的探究内容,教师在预设课堂教学时要把握住重点内容,集中时间重点探究,不要让次要的探究占用过多的时间。因此,对于《降落伞》一课的导入环节,我们完全可以这样设计:让学生在课前就做好降落伞,在课堂中比赛放飞,从放飞中发现并研究影响下降快慢的因素。这样,学生的重点探究活动就能进行得更深入,学生在原有认识的基础上形成了提高和新的认识,也就是说学生得到了发展。这不就是我们追求的课堂效果吗?

主次不分还表现在对教学形式的过分追求上。对此,人们批评最多的是在多媒体课件的使用上。的确,有些科学课也未能幸免。科学课注重探究过程及探究体验,很多内容使用多媒体显然是不合适的。但有些教师就是喜欢使用多媒体课件,不管什么内容都要使用多媒体,美其名曰"创设问题情境"。有的教师还会本末倒置,只注重了情境设计这一形式,忘记了情境创设的目的。这也是科学教学中应努力避免的。

（二）避免问题多杂乱，深化课堂提问的思考性

课堂提问要善于抓住关键时机、关键知识点，提问要基于学生对相关问题的思考，要关注学生已经掌握的相关知识，问题的提出要有明确的目的性，要起到画龙点睛的作用，使学生的认识与知识点发生共鸣，并愿意去进一步探究。同时，教师要针对不同的学生，设置不同的问题，提问的切入点、提问的方式等都要因人而异、因时而异，切忌问题太大、太空等。因此，教师在开展科技教育活动时，要着力解决以下问题：要避免问题过大，缺少"脚手架"，思考难以开展；要防止问题含混不清、主旨不明，学生兴趣不足；要预防问题太杂，逻辑性不足，重难点分散，习得的知识不系统。

（三）避免无准备探究，保证探究实验效果

教学活动区别于其他活动的一个重要方面是教学活动的预设性。备课就是这种预设性的重要体现。教师在教授任何一堂课前备课是一个必经的环节。科技教育活动更是如此，尤其是涉及实验操作等教学环节时，教师要提前做好充分的准备，包括各种实验器械、实验材料的准备等。最重要的是要对教学实验操作中可能出现的情况做好应对，及时处理学生的各种问题以及实验操作中出现的突发情况。正所谓"不打无准备的仗"，就是这个道理。只有备课充分，才能保证科技探究活动取得良好效果。科学探究要立足于学生生活，要善于从生活的点滴出发，引导学生开展探究活动，因此，在当前的科技教育活动中，很多教学所需的素材和材料需要学生利用日常生活中的各种材料去准备和制作相关实验工具，这也给当前的科技实验提出了更高的要求。在科学教学中，有时还会发现，学生明明自己已经设计了研究方案，学生讲述自己的设计时也头头是道，实验本该没有问题，结果却并非如此。往往实验结束后，只有刚过半数的学生能完成自己设计的实验。是什么原因使学生经历了无效或低效的探究呢？其实这往往是因为学生的实验计划不够周密。为避免学生做"无用功式"的低效探究，建议教师多花一些时间在方案设计的讨论和质疑上，让学生的设计方案更具科学性，要帮助学生形成严谨的探究态度，提高探究的成功率以及结果的准确性、科学性，即提高我们教学的有效性。

第六章 基于核心素养的青少年科技教育实施

第一节 科技教育课程统整的实施载体

青少年科技教育课程统整的实施载体是落实和实施科技课程,是实现科技教育课程目标的最终活动环节。根据课程统整思想,在前期对于科技课程统整的原则、形式、设计等的讨论基础之上,对青少年科技教育课程统整的实施载体展开讨论。

青少年科技教育活动普及以来,其已经成为素质教育的重要组成部分,丰富多样的科技教育活动为青少年科学素养和创新能力的养成提供了有力的支持。但在活动开展过程中,也出现了诸多的问题,如对科技教育的内涵理解不够深入,往往把科技教育等同于劳动技术、科学、信息技术等课程,认为只要开设了这些课程就足够了;将科技教育活动化,一味地开展科技节、科技知识竞赛等,将科技教育等同于组织各种实践活动,忽视了科技教育的系统性;科技教育的小众化,有些学校设有专门老师负责指导学生参加科技比赛,将科技教育的对象限制为少数学生,忽视了科技教育应为科学普及教育作出贡献;科技教育教师队伍素质问题,多数小学并未配备专门的科技教育教师,而是由其他教师在完成其主业授课任务的基础上兼任,这种方式忽视了教师的知识背景、时间精力,很难保障科技教育的实施效果。

结合青少年科技教育的要求,基于课程统整的理念,可将青少年科技教育课程统整的实施载体分为课程、资源和师资三个层面。具体如图6.1所示。

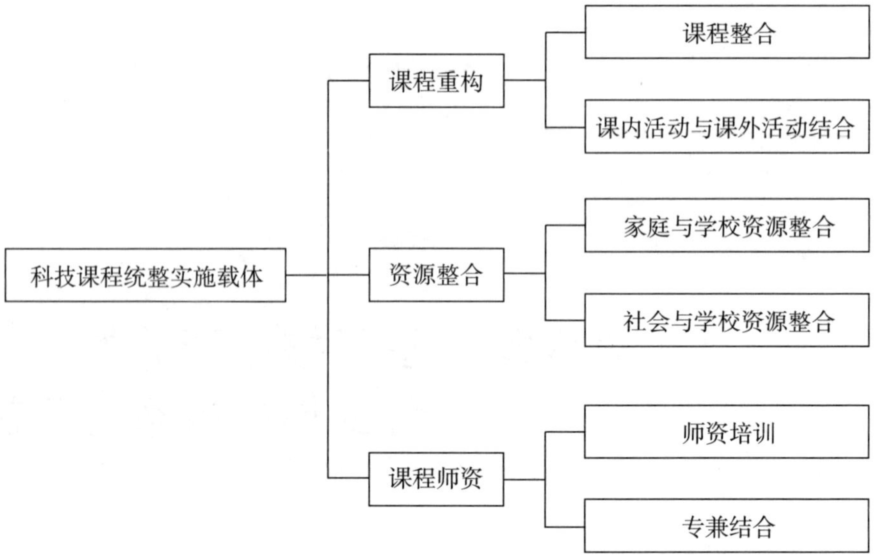

图6.1

科技课程统整实施载体
- 课程重构
  - 课程整合
  - 课内活动与课外活动结合
- 资源整合
  - 家庭与学校资源整合
  - 社会与学校资源整合
- 课程师资
  - 师资培训
  - 专兼结合

一、课程重构是实施青少年科技教育课程的基本保障

课程重构是指在青少年科技教育的实施过程中应正确理解青少年科技教育的内涵，认识科技教育不同课程的目标和内容，做好课程间的交叉和整合。

（一）课程整合

青少年科学素养和创新能力的养成是一个长期、持续、综合的教育过程，不是某一方式或某一类课程可以独立完成的，需要各门课程和学校整体教育活动的多方配合，因此课程整合具有重要意义。

1. 渗透科技教育的学科课程

有效整合课堂教学是转变科技教育观念、培养学生科学素养的重要途径，将科技教育与学校的学科课程相结合为科技教育提供了时间和空间上的保障。学校按照"学科学习为主，科技活动为辅；教育渗透为主，直接讲解为辅；学生参与为主，教师指导为辅"的原则科普教育。优化"科技教育渗透课"，倡导科技教育在学科教学中的渗透。结合学科特点，挖掘教材中科技教育的思想、内容，加强科技创新意识和能力发展的训练，让学生在日常学习过程中获得情商智商的共同发展。[115]

2. 科技综合实践课程

综合实践课程围绕科技知识或情境，以学生的探索活动为主要形式，重视学生科学素养、科学探究能力的培养。科技综合实践课程可以对科学、综合实践活动、信息技术等课程进行综合，选择合适的主题，深化内容，融合知识，培养能力。

青少年科技综合实践课程统整在过程中要体现出差异性。既要考虑到不同年级的学生在年龄、智力水平，对事物观察、认识、分析的能力，已有的知识水平，已获得的日常生活体验以及个性爱好等方面的差异。在课程统整过程中，要进行合理的内容组织，要从易到难、从简到繁，满足不同年级学生的学习要求。同时，还应考虑到同年级学生的个体差异，做好科技教育普及教育和个别学生科技创新能力提高需求的平衡关系。

（二）课堂内外的整合

课外活动是中小学教育的一种重要的教学补充形式，包括兴趣小组、实践活动、制作活动、学校专题活动等，其因内容丰富、形式多样，更容易发挥学生的主体性、满足学生个别学习的需要，受到很多学生的喜爱。

青少年科技教育应善于运用课外活动的方式，将课堂内外结合起来，通过多种形式的课外活动来巩固课堂中所学的知识、锻炼能力。小学科技教育的课外活动形式主要包括小组探究活动、科技制作活动、科技专题活动等。例如，某小学开展小组探究活动，根据学生的兴趣选择了机器人主题，开展机器人研究；某农村小学结合当地资源，选择了昆虫主题，开展研究昆虫的活动等。科技专题活动主要是指学校层面组织的科技节或科技比赛等常规性活动，面向全校学生，影响力较大。

二、资源整合是实施青少年科技教育的重要途径

探索学校-家庭-社会一体化的教育模式，建立多方参与、多主体共建、多重资源统整的青少年科技教育课程开发模式，是在新时代核心素养背景下，推动青少年科技教育创新发展的重要途径，也是应然选择。学校要发挥科技教育主阵地的作用，作为整合家庭、社会等各方力量的联络平台，适应社会发展需求和人才战略要求，调整科技教育课程改革思路，不断创新科技教育教学方式，可通过邀请学生家委会具有科技文化教育从业背景的家长到校义务授课，通过建立科技教育教学科研机构，集合学校优秀教师以及各类城市展览馆、历史博物馆、科技展览馆等公益性质的文化科技场馆中的专家学者，共同研究、设计相关的科技教育课程，实现各类资源的有效整合。

（一）家庭与学校的资源整合

家庭和学校合作是开展青少年教育的重要途径，科技教育应注重探索家校合

作的新途径、新方法,使家庭和学校共同促进科技教育的开展。

家庭与学校的资源整合主要包括提高家长的科技教育意识和提升家长在科技教育中的参与程度两个方面。一是提高家长的科技教育意识,使其重视科技教育,学校可以通过召开专题科技讲座或者家长会等形式,让家长充分认识到科技教育对小学生未来成长的重要性;二是提升家长在科技教育中的参与程度,如开展亲子科普活动、组织亲子科技制作活动、创建家庭科技基地、组织假日科技实践活动等,将家庭开辟成科技教育的第二阵地。

(二) 社会与学校的资源整合

"走出去"是青少年科技教育实施过程中运用社会资源、拓展科技教育空间的重要方式。我国著名教育家陈鹤琴曾提出,"大自然、大社会都是活教材",陶行知在生活教育的理论中也曾提出"社会即学校"的观点。科技在人们的日常生活中运用广泛,不断地改变着人们的生产和生活方式,走出学校,能让青少年更深刻地体会到科技在人类生活中发挥的重要作用,更容易激发青少年探索科技现象、锻炼科技能力的兴趣。

青少年科技教育可使用的社会资源十分丰富,如博物馆、科技馆、植物园、动物园、农田等都是非常有价值的科技教育场所。开展青少年科技教育时应充分地整合、运用这些社会资源,开展多种多样的社会实践活动、假期实践活动,以确保青少年科技教育目标的实现。

要建立完善的科学教育体系,科协系统与教育部门应联合协作、发挥优势,共同探索校内外衔接的有效机制,将科技资源用于青少年教育。同时,进一步做好科学教师、科技辅导员队伍建设,做好科学教育标准、课程计划、教材器材的研发等工作,以满足科技教育的需求。

三、师资整合是实施青少年科技教育课程的有力支持

(一) 加强科技教育师资力量培养,提高教师队伍的综合素质和专业水平

在科技活动中,教师发挥着重要的作用。教师作为科技教育的主导者,是校园科学探究活动的组织者、实施者和指导者,教师教学水平的高低、科学素养和能力的优劣影响着青少年科技教育活动是否能够有效实施以及学生科技探究效果的好坏。加强科学教师队伍建设,提高教师的专业能力,提高教师的科学素养和科技创新水平,激发教师参与科技教育工作的积极性,对于青少年科技教育开展至关重要。要建立从教育主管部门到基层学校的体系化的科技教师培养机制,紧跟时代

步伐,创新科技教师的培训方式和内容,充分运用最新的科技手段,积极组织他们参加网络研修、专家讲座、科技展览、外出参观学习,使其了解最新科技进展和科技教育的新动向,提高自身科技教育的教学水平。通过培训,使中小学科技、信息技术教师以及有志于此的相关学科教师能顺利掌握相关科技教育理念、先进的科技知识,准确把握科技教育课程改革方向,明确科技教育教学目标,习得必需的知识技能,从而能得心应手地指导学生开展各种丰富多彩的科技创新活动。

在科技教师培训过程中,要根据科技教育最新发展要求,科学合理地安排相关培训内容,围绕科技教育课程的设计与开发、校园普及探究,通过通识板块、观摩板块和实训板块的设计,为教师量身定制个性化的学习菜单,让教师充分参与科技教学展示与交流,科技场馆教育体验与拓展,人工智能前沿发展微探,让教师在活动中学习知识。通过系统化的培训内容,拓展教师的思维,促进教师专业能力的提升。

(二)建设专兼结合的青少年科技教育教师队伍

在科技教育教师队伍建设方面,除了通过师资培训提高现有教师的水平之外,还可以聘请社会人士或者有职业特色的家长作为科技教育志愿者参与到学校科技教育活动中来,建立一支专兼结合的科技教育团队。

科技教育不是封闭的,应面向全社会,集合一批对科技发展有很高认知和实践水平的专家。在一批能够积极投身科创教育、有愿景的科学教师之外,可组建一批专家团队,包括中国科学院院士、大学教授、高科技领域的领军人才和专业人士,以及大量身处教学实践一线的骨干教师,为科创教育发展、培养学生创新素养和实践能力提供智力支持。

第二节　课程重构的科技教育实践

在当前课程改革的背景下,需要以学校为主体,将国家课程、地方课程和校本课程统整成为一个有序而高效的学校课程体系,其中一个重要方面就是进行学校课程结构设计。[116]青少年科技教育课程统整也面临着相同的问题,在学校课程重构中,一方面要处理好国家规定课程中的科技教育内容,另一方面还要做好科技类的校本课程的构建工作。

一、青少年科技教育课程重构的意义

课程重构能够有效地处理课程间的关系,形成一个有序、高效的课程体系。青

少年科技教育课程重构的意义主要体现在以下几个方面：

（一）强化科技教育在学校课程中的重要地位

通过课程重构，引起人们对于科技教育的重视，认识到青少年科技教育开展的重要意义。在课程重构过程中，明晰各门课程在科技教育中承担的任务和内容，从而打破以往认为科技教育只是科学课程或者兴趣小组辅导员的责任的错误观念，清晰地认识到科技教育不单包括科学知识的学习，还包括学生的思维能力、认知能力、表达能力、沟通能力、合作能力等多方面的培养，在学校的每一门课程中都有涉及科技教育的相关内容和教育任务。

（二）有效地处理规定课程和校本课程的关系

目前，我国课程体系包含国家课程、地方课程和校本课程三个部分，但在具体实施层面，国家课程和地方课程基本已合并为政策规定课程。这意味着，目前的课程中有两大部分，即规定课程和校本课程。校本课程是由各学校根据自身的实际情况，综合学校的文化背景、硬件设施、师资配备等自行探索、完善的课程，往往是以规定课程为基础的强化类课程，如在规定课程体育课的基础上开设的足球课程，在科学课程基础上开设的自然探究课程、机器人课程等。

通过课程重构，可以综合考虑科技类校本课程和规定课程之间的连续性、关联性和学习迁移，在课时安排方面、组织形式方面进行统筹安排，能够有效地解决课时、师资配备、教学环境等问题，妥善地处理好规定课程和校本课程之间的关系。

（三）科技教育具有系统性

青少年科技教育课程体系包括基础必修课程、限选课程、任选课程和自由探索课程三部分。基础必修课程主要包含国家课程和地方课程，限选课程和任选课程多为校本课程，两者的区别在于限选课程的受众范围更广一些，有的学校甚至是面向全体学生开设，有的则允许学生在几门课程里面选择一门或多门；任选课程的形式多为兴趣小组，关注学生的兴趣所在，学生可以自由选择；自由探索课程作为非正式课程，多为学生作为活动主体自己发起的科技类活动。

统整后，不同类型课程共同组建的科技教育内容体系更为统一、全面，能够有效地解决多头并进、重复内容多次学习的低效率问题。形成必修课为基础，限选课程和任选课程为强化，自由探索为拓展的有效课程体系，充分体现出科技教育的系统性。

二、青少年科技教育课程重构的实践

（一）STEM科技课程的开发和实施

随着信息化时代的到来，教育面临着新的机遇与挑战。近年来，STEM教育在国内迅速传播开来，受到教育部门、研究者、教师、家长和学生的广泛关注。STEM是科学（science）、技术（technology）、工程（engineering）和数学（mathematics）四门学科英文首字母缩写的组合，STEM教育通过学科融合、项目探究和动手实践创造的方式进行教学，培养学生的批判性思维、创新意识、动手合作能力和问题解决能力。20世纪末，STEM教育发端于美国，美国政府将其渗透到从小学到大学的教育中，并给予支持。STEM教育也受到其他国家的重视并被纳入相应的教育改革，如德国、日本、英国、澳大利亚等。2016年，我国教育部印发的《教育信息化"十三五"规划》通知，明确指出要有效利用信息技术推进"众创空间"，探索STEM教育、创客教育等新教育模式。2017年，新版的《义务教育小学科学课程标准》中关于对小学科学教育的实施建议中也明确了STEM的定义，"即STEM是一种以项目学习、问题解决为导向的课程组织方式，它将科学、技术、工程、数学有机地融为一体，有利于学生创新能力的培养。"[117]

STEM的核心目标是学生学习兴趣的培养与激发，要让学生具有创新的热忱和改变世界的愿望。STEM教育是在新的科技革命时代下孕育出的一种新型教育方式，是基于课程统整思想的一种有益实践，在开发学生创新思维，培养创新性人才，助力国家科技发展方面作用深远。综合来看，STEM教育与传统教育方式相比具有突出的特点，它将原本分散的不同学科知识，如科学知识、实用性技术知识、工程知识和数学运算知识等进行有效的整合。这种整合的前提是必须有效地分析各种学科之间知识的关联性和融合性，并通过STEM教育的教学达成统整，实现知识新意义的建构和生成。STEM教育以学生参与的实验操作和合作设计制作为主要的教学内容，教师授课要以此为指导，合理地设计各个探究环节，引导学生发挥主体性，开拓思维实验活动或实验器材材料的开发设计。STEM教育强调问题的现实性，要基于学生日常生活或社会生活中，能够亲身感受的热点现实问题进行科技教育活动的展开，要能够启发和培养学生的问题意识，培养学生发现问题、探究问题、解决问题的能力，培养学生的科学态度和创新思维能力。STEM教育必须关注社会交往和人际关系的作用。团结合作需要学生考虑清楚自己与同伴之间关系，将自己置于共同体中，与成员一道解决问题，并通过彼此合作，学会分享，促进知识和技能的创造性学习。无数的事例也证明，学习共同体尤其是小组之间的交互学习对于学生的学业是十分有益的。STEM教育强调学生发散思维的培养,教师要允许并引导学生探究不同的解题思路和方法。

在科技类课程的重构过程中,STEM教育是我们进行科技教育课程统整的类型之一。STEM教育就是要让学生学习科学家探索未知和解决问题的思维方式和路径,在学习过程中培养学生的实验操作和探究思维能力,引导学生在参与科技探究的过程中,步步跟进、层层剖析,逐步揭示事物真相。STEM教育不仅关注"要学生知道什么",更关注"学生怎样才能知道"。在这样的探索学习中,加深学生对实物的认识和观察,最终完成对知识的"动态建构"。通过各种感官机能的体验和切身的实验操作等,让学生感受到科学研究的魅力,促进学生科学思维的培养。在开展青少年STEM科技课程构建时要注意以下几个问题:

一是重视科学实践。STEM科技课程强调学习的内容应来自生活实践,让学生在实践中学习科学,要求学生在学习过程中尝试解决生活中的真实问题。这里的科学实践包含两个层面的意义:一方面是科学探究的问题来源于实践,学生要有发现问题的能力,教师要有引导学生发现问题的能力。学生在日常生活中亲身体验或经历到的一些问题将成为科学探究的起点;另一方面是科学问题的解决要在实践中进行。教师要营造轻松愉悦、开放包容的学习氛围,构建贴近真实生活环境的学习情境,并在教学设计中合理设置探究实验活动,引导学生参与实践探索。

二是强调学科的整合。STEM科技课程重视跨学科的概念,认为应打破原有的学科概念,围绕某一情景,重塑知识间的联系,理解和运用核心概念来解决实际问题,重视学生解决实际问题能力的培养。STEM科技课程需要解决的任务大多涉及多个领域,具有一定的综合性。这种学科知识的整合是围绕任务中心而进行的知识的再组织,而非单纯为了整合而进行的多学科知识的拼凑,所以在STEM科技课程的设计中,应从任务出发,对与之相关的学科知识进行必要的整合。

三是关注学生的兴趣和需要。STEM科技课程特别重视学生的参与,学生要成为科学探究的主体,主动自觉地参与到科学实践中。如何让学生主动参与是STEM科技课程实施过程中需要解决的问题。这就需要教师在设计相关课程是充分尊重学生的学习需求,特别关注学生的兴趣爱好,增强STEM科技课程的趣味性,通过形式多样的活动,与学生的兴趣和需要达成共鸣,从而激发学生参与科学探究的热情。

四是具有可行性。STEM科技课程并不是需要购买昂贵的科学材料才可以开展,不必一味地求新求异。STEM科技课程追求的更多的是一种教育内涵的转变,对于教学环境、教学材料等并没有过高的要求。在设计时,应尽量利用现有材料,如废旧材料、自然材料等常见资源进行设计,使之具有更强的可行性和推广价值。

对于STEM科技课程能否真正有效地在学校实施,教师起到了关键作用。教师要按照STEM课程实施要求,科学地编制教学内容,增强自身科学素养,提升课程实施能力,打造开放、灵动、高效的STEM课堂,不断提升科技教育实施效果。与此同时,教师要创设基于问题导向的STEM学习情境,要在如何教会学生上下工夫,驱动问题、学习目标、情景探究、促进协作、成果作品等缺一不可。另外,教师面各学生开展项目教学,以学生为中心,解决真实问题,推进小组合作,明确项目导向。最新研究表明,这样的学习能使学生的动手能力增强,批判思考加深,自主学习能力变强。基于学校的STEM课程顶层设计,为学校提供了可持续发展的动力。例如,嘉兴实验小学开展学校STEM教育的实践经验为学校STEM教育做出了顶层设计,建设了"1+1+X"课程体系,促进了学生和谐发展。学科校本拓展课程有助于丰富、完善学科内容,重构教学流程,改变学教方式;实践类拓展课程,有助于学生运用学科课程所掌握的知识,解决实际问题,培养实践创新能力;体艺、科技、身心拓展类课程,有助于发展学生的个性特长。开发拓展性课程的思路是衔接—关联—融合—综合。学校通过学科教学的融合渗透、社团活动的融合等方式给科技教育带来了实践的引领。

STEM教育的核心特征是其具有跨学科、艺术性、体验性、情境性、协作性、设计性。目前,我们对STEM的理解还不到位,基础还很不扎实。真正的STEM教育需要以科学的精神作为支撑,要以批判性思维为保障。学习空间不等于学习世界,学业与生活很容易被割裂。如果不改变我们的思维方式,不改变我们的教育价值观,我们教育的核心竞争力就会大打折扣。

构建的STEM创新课程体系,既有STEM课程与国家基础学科的融合,也有拓展课程与STEM课程的融合,还有与学生生活实践相结合的基于实践项目的STEM学习。这对于学校的STEM教育资源链和实施空间的建设都提出了极大的挑战。这些年来,我们按照"内外联动、多方参与、系统建设"的思路,与研究院、教育科技类企业等开展合作,逐步建立学校STEM课程资源支持体系。在STEM课程建设中,选择合作企业的原则主要有以下四个:能提供完整的STEM解决方案,并能不断进行课程迭代,满足学校对课程更新和升级的需要;能与学校现有课程体系实现一定的融合;能提供系统的STEM教师培训方案及学生竞赛、展示的平台;课程产品性价比高。例如,与乐高教育进行深度合作,开展STEM教育就是一个很好的案例。我们利用乐高教育所提供的硬件、软件、STEM课程、教学评估工具、教师培训课程等一整套解决方案,在学校内建设乐高创新探索中心,研发建立多维度目标、多实施路径、多学教方式相融合的乐高STEM课程群。同时,也借助乐高教育一流的课程研发团队,为教师实施STEM教育提供海内外优秀的主题式、参与式培训及经典案例的展示、交流平台。

 案例呈现

STEM课程案例

案例6-1　制作微型雪橇

STEM课程案例如表6.1所示。

表6.1　制作微型雪橇

探究任务	制作微型雪橇（要求：能从斜坡上负重滑下来的）
探究目标	1. 探究能够用于制作雪橇的各类材料，以及各类材料和雪橇功能发挥之间的联系； 2. 亲身设计雪橇制作的各个环节以及各个工序； 3. 发挥学习共同体的作用，培养学生的人际交往能力，使学生在交流讨论、互帮互助中共同探究新知识
探究过程	参与 1. 和学生一起读《14只老鼠的冬季雪橇日》，主要内容：一只老鼠爸爸带着小老鼠们计划、设计并建造雪橇，让小老鼠们忙忙碌碌地度过了漫长的冬季； 2. 请家长将家里的雪橇带来学校。 探索 1. 让学生一起滑雪橇。滑完雪橇，让学生一起讨论：哪些材料制成的雪橇滑得最好，并找到可能的原因。学生认为最好的雪橇是滑得快的雪橇，大多数学生认为金属材质的雪橇滑得更快； 2. 引导学生在亲身体验各种材料性能的基础上，寻找各自认为最适合制作雪橇的材料，同时以学习小组为单位，画出雪橇草图以及各部分制作流程； 3. 学习小组开始制作雪橇，在学生制作的过程中，教师要随时关注各小组的进展情况，并对出现的问题加以合理指导。 解释 以学习小组为单位，先让各小组成员相互交流制作经验，在小组分享的基础上，选派学生代表介绍本小组雪橇制作的设想、制作过程的感悟体验以及所制作雪橇的特色，说明选用制作雪橇的材料的依据。同时，尝试解释用雪橇滑雪的原理 评估 让各学习小组对自己所制作的雪橇在雪地山进行实地滑雪测试，检验雪橇的工作性能。在测试过程中，要引导学生仔细观察不同小组所选用不同制作材料的雪橇在测试中所表现出来的差异，并做好记录。测试完成后，各小组要根据观察到的情况进行探究讨论，探究哪个小组制作的雪橇更好，优势在何处，不好的雪橇的劣势在何处，确定改进的方法，并指出哪种材料更适合制作雪橇。 延伸 根据雪橇测试结果以及小组讨论探究情况，让各小组设计出雪橇制作改进方案，并对所制作的雪橇进行调整。

【课例评析】

案例6-1《制作微型雪橇》的任务是制作雪橇,旨在探索纸板、木板等不同材料对雪橇性能的影响,它是从科学教育的角度出发的。该任务不仅融合了物理科学(探索不同材料和雪橇性能的关系)和数学科学(根据不同形状的特征,确定雪橇的合理外形),还利用阅读相关图书引入语言学科,既促进了学科的进一步融合,也为学习者后期制作雪橇激发了兴趣、丰富了必要的经验。《制作微型雪橇》中具体运用了"5E"教学法,将工程项目任务自然融入了其他科学、技术和数学学科的学习。学习者要解决各方面面临的实际问题,在这一过程中实现整合学习。通过相关主题故事的分享丰富了学习者的实践经验(参与),使其在体验真实雪橇后尝试讨论雪橇的材料和性能的关系,设计雪橇蓝图,制作雪橇(探索),并在此基础上展示、介绍自己的雪橇(解释),并在真实环境中进行测试(评估),最终根据测试结果改善雪橇(延伸)。"5E"教学法是在项目学习的具体实施过程中,较为微观的STEM实施范式。它呈现了如何使学习者参与项目、探索完成任务、分享解释自己的解决方案、评估并进一步完善解决方案的过程。

(案例来源:http://www.sohu.com/a/162207881_154345)

(二)青少年科技教育校本课程的开发与实施

校本课程作为三级课程管理体系中的重要内容,已成为深化课程改革,促进课程校本化和地方化,彰显学校特色和地方特色的重要途径和载体。校本课程为学校创新性地开展课程建设和促进教育教学改革提供了平台。青少年科技教育的开展要充分发挥校本课程的作用,结合学校科技教育特色,整合社会多种资源,开发科技教育校本课程,打造富有学校特色的科技教育实施体系。我国《基础教育课程改革纲要》指出:"学校在执行国家课程和地方课程的同时,应视当地社会、经济发展的具体情况,结合本校的传统和优势、学生的兴趣和需要,开发和选择适合本校的课程。"结合青少年科技教育的特色,开发科技校本课程也是推进青少年科技教育课程重构的重要途径,对于学生树立科学意识、培养创新思维、激发科学兴趣、增强科学探究能力、提升综合素养具有重要价值。同时,科技教育校本课程也是打造学校科技教育特色品牌的有力抓手。

科技教育校本课程的开发要以学校及学校所处地区的科技教育特色资源为基础,对科技资源进行有效的整合,实现学科知识与科技资源的有效衔接,从而形成科技教育课程新形态。科技教育课程的实施必须面向所有学生,以学生自觉主动地开展科学探究为基础,借助形式多样的社会实践活动、科技竞赛活动、科普文化活动等激发学生开展科学探究的热情,促进科技教育课程的实施。

青少年科技教育校本课程的开发要正确认识科技教育校本课程的目标和定位，充分认识其对学生科技教育的意义和价值。校本课程并不是为了迎接检查的产物，也不是增加教师工作负担的无意义课程，其既是青少年课程体系中一个重要组成部分，也是青少年科技教育开展的重要途径之一。校本课程的开发离不开学校领导的决策，更离不开教师的参与。教师是课程开发的主体、课程实施的主体，其必须全程参与到青少年科技教育课程中来，并以自身的教学实践为参考，对校本课程内容进行修订完善。科技教育校本课程开发要彰显教师的主人翁地位，让教师认识到开发科技类校本课程对于学校和学生发展的重要意义，认识到校本课程的开发是一个持续的、曲折的过程。课程的开发受到很多因素的影响，人力、物力、财力、时间、信息等因素都会影响科技类校本课程的开发。校本课程的开发也不是在短时间内就可以完成的，需要不断地积累，不断地实践，发现问题，修改完善，不要急于求成。

青少年科技教育校本课程的开发要立足学校，发挥优势，体现特色。青少年科技类校本课程的开发要立足于本校实际情况，深入分析学校现有的科技教育资源和条件。从学校的地理环境、经济环境、人文环境出发，综合考虑学校的硬件设施、师资情况等来选择校本课程的方向，确定校本课程的目标和内容。青少年科技类校本课程的开发可以从学校所在地的经济特色或人文特色中寻找突破点，而不要一味地追求潮流，人云亦云，盲目地照搬其他学校的优秀经验而忽视学校的实际情况，确保科技类校本课程的可持续发展。比如，学校每年举办的各类科技节，参加的各类科技比赛活动等以及现有的各种科技创新团队、科技实验室、创客教育活动中心等。学校要在这些条件基础上进行课程的开发。目前，各类科技活动项目按大类可以划分为生命科学、地球与空间、自然与环境、科技创新、物理与工程、数学与信息等领域，每个领域又包含诸多不同的项目。具体而言，每年各处举办的科技创新类项目十分丰富，如手工制作、标本制作、创意发明、物理化学生物实验、3D打印、航模、电脑编程、无人机、机器人比赛等，学校要根据学生参赛获奖情况以及仪器装备情况确定自己的优势项目，以项目为中心点，辐射相关的学科，开发相应的校本课程，让学生不仅获得比赛技能的提升，而且学习到与之相关的科学原理知识。同时可成立相应学生科技社团，发挥团队育人作用。

青少年科技教育校本课程的开发要充分考虑学校资源、社会资源和家庭资源的有效整合。校本课程资源主要包括学校资源、社会资源和家庭资源三个部分。要充分分析学校周边或当地的科技教育资源，如各类博物馆、科技馆等，再如非物质文化遗产项目，还有相关的科技型企业等，这些都将是学校在课程开发方面可以利用的重要资源。校本课程的学校资源要满足不同年龄阶段学生不同的学习兴趣和需求，还应关注学生的个别差异，满足个别化教学的需求，正确处理教学的全面性和个体性的关系。在目前的科技类校本课程开发中,有些学校将校本课程的设计等同于编教材,这种认识具有局限性和片面性,其实教材并非校本课程的必备要素。如果学校在此方面并没有形成自己独特的教学理念和系统的教学设计,也可以参照其他同类学校的教材或综合运用多种教材来开展本校的科技类校本课程。在社会资源和家庭资源的开发方面,主要看学校对于周边的社会资源和家庭资源的了解和运用的充分程度。青少年科技类校本课程的开发离不开社会和家庭的支持和合作。例如,如果学校处于卫星发射基地所在城市,学校可以以航空航天知识为基础开发相应的校本课程,同时学校还可以将参观卫星发射基地作为学习的内容之一,可以带领学生参观发射场、发射塔,了解了火箭、卫星发射的整个过程,切身感受航天工作人员的工作环境、航天员的饮食生活等,组织参观航天历史展览馆、聆听航天精神宣讲等。通过参加系列活动,激发学生爱国热情和对航天事业的兴趣。

总之,青少年科技教育校本课程要立足当地的科技文化资源,顶层设计、宏观推动,形成教育、科技、卫生、文化等部门协同联动的科技教育工作机制。在进行科技教育校本课程的开发和实施中,引导师生更多关注地现代科技新发展和新成果,积极参与科技创新实践和体验活动,倡导师生开展以动手探究为主题的科技活动,培养创新思维、创新精神以及实践探究能力,增强青少年的创新意识、学习能力和实践能力。

第三节　社会资源整合的科技教育实践

进入21世纪以来,科学技术迅猛发展,科学技术是国际竞争的焦点,越来越多的国家把提高公众的科学素养作为参与国际竞争的关键措施之一。科技教育在国民教育中的地位愈发突显,各国纷纷出台相关政策措施,推进科技教育。我国新一轮课程改革的理念之一是"改革学习方式,提倡科学探究",将科学探究作为新课程改革的突破口,无论是理论研究,还是教学实践,人们都在努力探索。针对校外科技教育环境的建设,主要集中于对青少年科学探究与社会教育资源进行恰当的融合,为青少年科学技术教育提供良好的校外环境,为科学探究活动的开展提供广阔的思路。19世纪以来,世界各国普遍对资源问题加强了关注、研究的力度。如何鼓励、促进社会资源的教育功能开发和充分有效地利用好社会资源为教育服务,是许多国家关注的社会问题。

一、社会教育资源的概述

（一）社会资源的概念

不同学者对社会教育资源有不同的认识，他们都从不同角度来理解社会教育资源。

传统意义上的社会资源是自然资源以外的其他所有资源的总称，是人类劳动的产物，包括人力资源、智力资源、信息资源、技术资源和管理资源。高瑞萍于2009年将社会教育资源定义为：一切具有社会教育意义或能够保证社会教育实践进行的各种资源和条件，包括人、财、物等物质因素和保证这些因素发挥作用的政策、制度、环境（包括物质环境和人文环境）等条件。[118]社会教育资源主要包括：人力资源、物力资源和条件资源等，社会教育的人力资源指社会教育活动的组织者和实施者；社会教育的物力资源指场馆设施资源及确保社会教育活动顺利开展的资金来源；社会教育的条件资源指保证人、财、物等资源因素有效发挥作用的政策、制度、环境等条件性资源。[119]

由以上观点可知，社会教育资源是社会成员在社会教育中所依托的所有物质资源和精神资源与学校教育资源和家庭教育资源共同构成资源共同体，具有可利用性和相对独立性。

青少年社会教育资源是实施开展青少年社会教育实践所依托的物质资源和精神资源的总和，是保证青少年社会教育实践活动顺利进行、具有社会教育意义的资源总和。作为青少年教育资源体系的一部分，与青少年家庭教育资源和学校教育资源共同构成青少年健康成长、全面发展的教育资源系统。

（二）社会教育资源的分类

根据资源的功能特点，可分为素材性社会教育资源和条件性社会教育资源。素材性社会教育资源，如故事书、电影、动画、漫画等，特点是可以作为活动素材或来源直接运用于社会教育活动。条件性社会教育资源指开展社会教育活动所依托的条件，是活动的载体，但不是社会教育活动内容的直接来源，如图书馆、电影院、博物馆等。

根据社会教育资源的构成要素，社会教育资源分为人力资源、物力资源、活动资源、文化资源及信息资源等。社会教育资源中的人力资源指所有参与者，包括组织者、实施者及支持者。社会教育资源中的物力资源指场馆设施及确保教育持续进行的财力资源，如场馆类、教育经费等。社会教育资源中的活动资源是以活动为主要载体而实施社会教育的活动型资源,如夏令营、军训、郊游等活动。社会教育资源中的文化资源指以文化为主要表现形式的文化型社会教育资源,如民俗文化、节日文化等。社会教育资源中的信息资源指以信息为主要表现形式的信息型社会教育资源,如文献、网络、电视等。

根据表现形态,社会教育资源分为显性社会教育资源和隐性社会教育资源。显性社会教育资源是可直接运用的资源,能够为活动开展提供条件和内容,包括人力、物力等。隐性社会教育资源是以潜在方式存在,对活动产生潜移默化影响的社会教育资源,如生活方式、社会风气、人际关系等。

(三) 开发青少年社会教育资源的意义

青少年阶段是个体社会化的重要阶段,会对以后发展产生重要影响。社会实践对青少年的重要性决定了开发和利用社会教育资源是十分重要的。

开发利用社会教育资源提升青少年的能力和素质。随着时代的发展,教育的领域从学校逐步向社会延伸,社会给予了学校教育更多更大的支持,为满足个体个性发展需要,为其提供更多的发展可能。青少年处在智力不断发展的时期,社会教育资源最大的特点就是生活性和实践性,使青少年更多地接触社会、了解社会,也为青少年交往能力的提升创造了机会。充分利用开发社会教育资源中丰富的场馆资源和活动资源对于加强青少年素质、开发其智力具有极大的价值。

开发利用社会教育资源丰富青少年的课外教育资源,丰富教师的教育教学资源,丰富学校的学科课程资源。美国教育家杜威提出"教育即生活",认为教育就是要从生活中学习、从经验中学习。罗素也指出,教育就是要使儿童过上美好的生活,教育是生活的过程本身,而不仅是为未来生活做准备。教育不仅局限在学校范围内,充分开发和利用社会教育资源,可实现资源的丰富多样,对促进青少年科学探究能力的发展起到积极影响,同时也符合课程标准的要求。《基础教育课程改革纲要》提出要加强学科课程内容与学生生活的联系,引导学生主动参与、乐于探究、勤于动手。充分利用社会教育资源,可以扩充学校教育资源,激发青少年的好奇心、求知欲,促进学校和个体发展。

二、校外科技教育模式中社会资源利用的现状

基于对青少年校内外科学探究中开发社会教育资源现状的了解和分析,笔者对其中存在的一些问题和不足进行了初步总结,主要表现在以下几个方面:

(一) 社会教育资源的开发利用在整体上的发展还不平衡

社会教育资源的开发利用,存在着严重的东西地区、城乡地区以及校际间的发展不平衡。尤其是农村学校,在设施、教育理念和教师的整体素质等方面面临着很大的困境,农村学校校内外科技教育资源的开发利用状况与先进地区相比还存在很大差距。以社区教育为例,除部分较为先进地区的农村社区教育正逐渐向城镇社区类型过渡外,总体来说,当前农村社区教育发展尚处于起步阶段,具有很强的自发性、分散性、单一性,缺乏集中管理与有效引导。[120]在家庭教育缺位、学校教育资源有限的情况下,农村青少年更有必要借助社区教育资源来满足自身的发展需要。在广大农村,特别是贫困的中西部地区,农村青少年在高中、大学升学率仍然很低的情况下大量辍学,或外出打工,或闲散在家,形成了庞大的农村闲散青年这一特殊群体,他们十分需要社会教育机构的引导和教育。但是,受物质条件和农村社区特点等因素的限制,农村社区服务还没有能全面地开展,无论是项目、设施,还是队伍、资金都十分缺乏。因此,农村校外科技教育如何开发和利用资源,以促进青少年科技素质,还是一个亟待解决的难题。[121]

(二) 社会教育资源利用的观念保守,途径和方法仍显单调

在开发和利用社会资源开展青少年科学探究方面,我国很多地区的观念还比较保守,不够大胆、积极。例如,在引导学生关注当前最新的科技成果、重大课题上,还不够积极。当代欧、美等西方世界十分注意在科技教育过程中吸引儿童关心、参与有关宇宙、地球、人类的重大课题。意大利的特托自然历史博物馆,不仅能让中小学生参观、实践,还为教师开设各种培训课程,邀请教师利用更为先进的仪器设备边演示边讲课,还把实验材料和设计好的活动方案送到学校。[122]

以航天教育为例,自20世纪80年代以来,美国广泛发动青少年参加飞机试验活动,举办太空飞行夏令营等活动,吸引学生关心和参与。全美每年都有100名少年儿童提出研究项目供宇航局采用,被选中的学生还可以到宇航局与研究人员一起进行科学研究,如让小学生观察蚂蚁在失重条件下如何生活。在上海,上海航宇科普中心、上海儿童博物馆、上海工程大学、上海宝山区少年科技指导站和上海青少年校外活动基地,都有关于航天知识的展览,但制作除了航模等模型之外,青少年很少能真正地深入思考,并参与到一些看似"荒唐",实则很有意义的活动中。[123]

我国校内外开展的各类科技教育活动的还比较单调、缺乏新意,尚不能给学生提供足够丰富的学习实践环境。俄罗斯的少年宫比较注重科室的设置,教室、工作室与科普知识展示室合二为一,为培训、学习营造出良好的气氛。当今许多国家都

注意采用声、光、电等现代科技相结合的方式布置校外活动阵地。例如,日本东京国立科学博物馆有一个"飞机驾驶舱",可以完全模拟飞机的动作,当飞机启动后,前后的电视屏幕上出现机场跑道,然后是上升、飞行、下降、着落,并配以逼真的音响和震动,使进行操纵的孩子完全亲历其境。[124]我国一些校外机构在这方面作了很好的尝试,并取得了很好的效果,如上海科技馆"智慧之光"中的"旋光通道"就利用了"似动现象",能使人产生奇怪的错觉,让参观者在亲身体验中认识科学。但由于客观原因,我国校外活动机构和活动场所还没有普遍进行这方面的建设,不能给学生提供足够丰富的学习实践环境。

(三)开发社会教育资源的主体还较为孤立

目前,我国还没有形成全社会关注、支持科技教育,学校内外共同开发、利用科技教育资源的局面,尚未实现给青少年创造一个良好的提高科技素质的环境和氛围的目标。学校外的教学活动并没有和学校紧密联系起来,在一定程度上造成了教育单位的孤立性以及教育资源的垄断和封闭。在日本,儿童从幼儿园就开始由浅入深地学习、参与环保,如在儿童幼儿园大班就要学会分辨各种垃圾,在体现"回收再利用"理念的轮胎公园中玩耍;日本社会有关部门和组织也经常组织学生到下水道工厂参观,调查学校游泳池里的微生物,到市郊收集垃圾,检测河流和自家排水中的成分,处处注意为学生营造一个环保的氛围。[125]当代欧美的校外教育十分重视为学校提供丰富的、直观的试验、观摩场所和设备,例如,法国所有国立的博物馆、科技馆均免费向教师和18岁以下的人开放,并时常为他们组织专场讲解。卢浮宫每年接待的600万参观者中,一半以上是学生,卢浮宫还专门设置为学生和教师服务的科普项目,其中数十个"艺术车间"为学生参观、讲解和动手操作的"三合一"科普活动场所。[122]卢浮宫有53个活动馆可用于向少年儿童介绍数学、物理、化学、生物、地学、医学、天文学等知识以及核能、航天、电脑、机器人等现代尖端信息。美国的许多儿童博物馆,十分重视配合学校教育,注重提供许多学校不易配置的试验设备,并且几乎每周举行超低温、激光、光导通讯、超导等新技术表演,学生可预约前往听课和观摩。[124]

学校对社会科技教育资源的开发利用还不成系统。在学校科技教育利用社会科技教育资源方面,还是比较零散的、不成系统的。一方面,在整个校外资源的利用方面,学校还没有形成宏观和微观计划相结合,有步骤地、全面地提高全体青少年科技素质的局面,如许多校外教育机构多年来一直保留着某几个特色的科技项目,并没有有意识地全面地开辟科技教育内容,提高包括没有科技特长的学生在内的全体青少年的科技素质;另一方面,在实际的具体实施中,人力资源、物质资源等各种资源还不能很理想地相互促进和推动,还不能在整体上形成有序的推进系统,如学生科技兴趣小组容易带动校外场所资源的利用,但对其进行指导的大多是所在学校的教师,并没有很好地利用校外人力资源从而真正实现相辅相成。

(四)对社会教育资源开发利用效果的评价相对滞后

目前对科技活动还没有形成良好评价机制,更难以对社会资源利用的质量、效果开展评价。校外教育机构大多更重视竞赛、表演成绩,学校也总是把学生在重大赛事上取得的优异成绩作为科技教育成绩的重要组成部分,学生整体的科技素质水平难以得到全面真实的评价。如何客观、全面地评价科技教育目标的实现?如何评价教育资源对科技目标所起到的作用?这是我们要认真思考的。

四、有效开发和利用社会教育资源,构建良好地校外科技教育环境

当代科技和科技教育与过去相比已经有了很大的区别,例如,科学与技术相结合,科学精神与人文精神相结合,科技与人类的生活相结合;在科技教育中科技内容与科学过程相结合,知识传递与能力培养相结合等。在这样的背景下,我们不能将目光局限于学校的科学探究,局限于传统的学科课程教学,我们应当用一种更加开阔的视野来看待青少年的科技素质,来认识科学探究。笔者认为,系统科学原理以及由它所衍生的大教育观对今天的科学探究发展有着重要的启示,以宏观的视角来理解科技教育,也有助于我们更加全面、透彻地把握青少年科学探究的问题。

根据系统科学的观点,大教育应是一个多样的、开放的、综合的大系统,大教育观的特点是坚持教育应当"时间长、空间广、效率高、质量好、内容多",强调实行终身教育、发展各类教育、未来教育和博学教育等。从本质上讲,大教育观就是要超越封闭的学校教育,重视教育社会化和社会教育化,提出大教育观的直接目的之一就在于克服学校教育的保守性和封闭性,在时间和空间上拓展教育。简单地说,大教育观的基本要义就是要提升各级各类教育的系统性和灵活性,充分开发和利用社会教育资源,形成正规教育和非正规教育的合力。[126]

第四节 "互联网+"的青少年科技教育实践

人工智能、大数据已成为现代科学技术,尤其是信息技术发展成果的代名词,也代表着未来互联网时代新的发展方向。目前人类已经步入了一个被信息流、数据流包围的生态圈。这个生态圈带来了人类日常生活、生产经营、人际关系、社会秩序的一系列深层次的变革。人类教育也发生着变革,无论是教育形态、教育内

容、教育体制、教育技术等都在经历着无法预见的改变。为适应"互联网＋"时代教育的发展革新，世界各个国家纷纷出台了相应的教育政策，规划了"互联网＋教育"的发展蓝图，力图在体制机制上建立起新的"互联网＋教育"的秩序，促进人才培养和社会发展新的需要。2018年，我国出台了《教育信息化2.0计划》，致力于推进"互联网＋教育"发展，这样意味着我国教育信息化工作进入了新时代。而教育信息化的核心是教学信息化，即通过计算机、多媒体、网络通讯等现代信息技术，进行教育改革，实现素质教育。在"互联网＋教育"时代，以往的传统教学方法以技术，已经不能满足科学课教学的需要，这就需要教师积极发现新兴软件的教育功能，实现教学方法的再创新。让技术改变教学，让科学课的课堂教学更精彩，让学生学得更快乐，营造积极的教育氛围。实际上，教育信息化2.0计划是一个系统性的工程，不仅仅需要信息化硬件、软件的建设，更需要教育模式、教学理念、课程资源建设的不断改革和创新，同时还要组织并协调各级相关部门、学校、企事业单位、社会团体等多方力量，发挥系统效应，真正实现教育信息化与教育教学的深度融合。可以说，教育信息化是对人类教育方式的系统性的革命。用教育信息化促进教育现代化，用信息技术改变传统模式，构建网络化、数字化、智能化、个性化、终身化的教育体系。教育信息化的实现更需要多方力量的协同创新，将各种资源有机整合起来，共同探索合作形式与方法，充分发挥各自优势，助推教育信息化的可持续发展。在这样的背景下，运用信息技术，推进青少年科技教育的实施，是科技教育发展的必然趋势和内在要求。"互联网＋"背景下的青少年科技教育实践已然成为科技教育的重要一环。

一、"互联网+"与教育变革

"互联网＋"作为信息技术高度发展的产物，正如信息技术的应用无处不在一样，其产生的影响也必然是全领域、全时空、全方位的。教育作为社会不可缺少的一部分，发展深受互联网的影响。"互联网＋教育"已经不是简单的对电脑技术或多媒体技术的应用，互联网对教育的影响和作用也不再是硬件教育装备的革新，而是对教育从理念到实践，从课程到教学，从教师到学生，从校内到校外的深层次革命。

在教育领域中，互联网对教育的改变体现在多个方面互联网技术能够帮助我们克服传统教育模式对教育发展的制约。"互联网＋"对教育产生深入骨髓的影响，能够促进新教育生态的重建。互联网改变了教学流程；互联网改变了角色定位，让学生成为课堂的主角，最大限度地把课堂还给学生。互联网改变了时间的分配，学习时间可以自由地延展，有避免了传统教学模式下时间和空间的限制，如基于微信，很多衍生的程序可实现教育传播，如利用在线微课，可实现在线教育直播。互联网改变了课型结构,远程实时授课成为现实,充分利用教育资源公共服务平台,学生在任何地方都可以听到名师的课程,并可以随时回放视频,实现了优质教学资源的共享、充分利用。

在互联网教育的影响下,互联网教育让科技与学科的融合、与课程的融合以及与课堂的融合得以实现,使得课堂教学更加高效。传统的课堂学习特点是固定时间、固定地点、固定要素(老师、学生、教材)。以教师为中心,教师围绕教材向学生"满堂灌",学生机械地听和记。伴随着互联网科技的发展,我们也开始意识到这样的教学方式不利于学生的成长,开始对教学进行改革,大量的多媒体设备被投入到课堂教学,但是这并未从根本上改变情况。课堂上,教师依然占据主导地位,学生对于课堂教学的参与度较低,不利于激发培养学生主动求知的欲望和自我创新精神。现在的互联网教育方式不仅改变了教师的教学方式和学生的学习方式,更改变了传统的教师和学生的紧密的授受关系,教师的教和学习的学都突破了课堂和学校空间的限制,教师和学生可以不受时空的限制,教师也不再是学生学习的唯一指导者,学生可以借助网上各种教学资源平台开展学习。因此,互联网教育方式对学生学习的主体性提出了更高的要求,使学生真正成为自主学习者。例如,我们运用微课件教学系统,教师根据教学中的难点、疑点、重点制作成教学课件,发布在微信、QQ等社交论坛平台上,学生随时随地都可以借助丰富的网络学习资源开展自主探究学习。教师通过微课件测试考查学生对知识的掌握程度,学生可以及时向教师反馈学习成果,教师进行在线点评,实现了教与学的实时交互。

互联网教育让教师角色发生转变。教育改革对教师来说都不陌生了,很多老师也接触过教育改革带来的各种变化,但是这些教学模式并没有摆脱教师讲解占主体地位的这种模式。教师利用互联网可以达到与学生是实时的交流。"互联网+"教育让教师和每个学生能够进行更全面、更密切的互动和交流,这也便于教师深入了解学生需求。同时,互联网以其及时性、交互性、单向和多向互联沟通的技术优势可以实现教师与学生一对一或一对多的交流互动,从而使教师能够根据不同学生的特点、学业水平进行差异化的教学安排,从而为因材施教提供了技术支持,更为学生个性化学习搭建了良好的平台。

互联网教育让学生的学习方式发生转变。互联网与手机等数字媒体平台的融合,让学习改变传统的面对面的学习方式,让学习无处不在,随时可以进行。大量在线网络学习平台使学生学习不再局限于课堂,也不再局限于学校。网络学习平台为学生开设了课程介绍、教学要求、课程讲解、文字材料、常见问题、课程答疑、课程串讲、课程作业、模拟试题等资源类型。网络教育资源承载的信息量大,学习资源丰富,共享互动性强,它为教师节省了时间,使资源能够自由地通过学习平台进行学习、交流。

互联网推动了个性化的教育,教育理念、教育方法、学习环境和学习模式也都随之发生了深刻的变革,教师从传统的课堂,演变成可以随处拿着PPT进行直播授课,学生也可以不受任何限制地针对重难点反复播放学习。科技的迅猛发展,信息技术的触角涉及社会的各个领域,在技术上为教育创新发展提供了可能。互联网与教育的深度融合,不仅更新了教育技术,而且为教育教学提供了更加高效便捷的教育装备,极大地提高了教学效率。同时,互联网与教育的深度融合,将互联网领域的人际交流技术运用与教育教学,如网络直播课程、在线视频课程等。学生可以借助网络接受知识教育,还可以根据自身需求和喜好选择适合自己的课程内容,学习活动更趋个性化、自主化。与此同时,网络学习教育平台能够清楚地记录每个学生的学习情况,并能够及时发送给教师,教师可以根据学生的学习情况及时调整教学方案和内容,同时针对不同学生学业情况通过网络学习平台进行个性化的指导,增强学习的互动性,实现因材施教。

二、"互联网+科技教育"与创客教育

"互联网+科技教育"是基于大数据技术建立起来的新型的科技教育模式,它充分利用了互联网可以方便地获取丰富的信息资源、快速处理大量数据、线上与线下交流讨论渠道畅通等优势,将常规的科技教育的优点与大数据技术整合,为学生自主与合作获取足够多的科学事实与数据信息、探索科学规律、开展学术争鸣、掌握科学知识、领会科学方法与范式提供了全方位的支持。[127]信息化对科技教育的影响最典型的就是创客教育的兴起。创客教育实现了创客文化、互联网思维技术与学校教育的有机融合,创新了科技教育路径。创客教育以创客精神为指导,以学校各类创客空间为平台,以各类创客教育课程和创客教育设备为载体,以互联网信息技术应用为媒介,融合了科学、人文、自然、物理、化学、地理等多个学科知识,通过项目主题式活动开展各种科技创意活动,培养学生跨学科解决问题的能力、合作探究的能力以及创新创造的能力,不断适应大众创业、万众创新时代对教育发展的新要求。目前,创客教育主要涵盖科学技术探索、创客教育实验、科技发明创造等领域,具体包括STEM、机器人教育、3D打印设备及应用、虚拟现实技术、DIY产品、电子积木、动植物模型(标本)、科普绘本、科学实验器材、手工课程等内容。

创客教育的开展要坚持以学生为本的原则,从提升学生科学素养的核心出发,以创客空间建设为基础,开发创客教育课程和活动,构建网络服务平台,完善创客赛事活动组织机制,打造高素质的创客教师团队,营造浓厚的创客教育文化氛围以及设立专家引领的创客教育研究机构等方面,建立完备的学校创客教育实施体系,从而打造良好的创客教育生态环境。

加强学校创客空间基础建设。学校要依托互联网技术，基于当地特色文化以及学校优势项目，选择一个或多个符合本校特点的项目，统筹协调学校功能教室，预留活动空间建设创客教育活动场地。同时，要按照创客空间建设标准要求，设置阅读区、活动研讨区、加工创作区、作品展示区、设备器械保管区等不同的功能区域，配齐配全相应的基础设施、软硬件和基本材料。学校基础设施落后的学校，要充分利用开放实验室、实训室、社团活动室、图书馆等设施，结合学校实际合理统筹利用现有条件和场地开展创客教育活动。同时，创客空间建设要满足不同规模学校的学生学习需求，要让每位学生都有机会参加创客活动，体验创新乐趣，构建形成开放的创客环境，共享创客资源，分享创意和成果。建设区域创客教育活动中心，广泛呼吁社会力量共同参与，寻求企业合作，协同共建，以满足学生跨学校、跨学科、跨专业开展创客活动的需求。创客教育活动中心作为跨学校、跨学科的合作平台，是区域创客服务体系中的重要组成部分，它与学校创客空间相互合作、互为补充，为学校创客空间提供了更大的外延空间。创客教育活动中心与学校创客空间相比，更侧重于创客能力的进一步的提升和拓展，同时还可以进行创客教师的培养和培训，展示学校创客教育的成果，面向社会其他机构和人群弘扬优秀的创客文化，打造区域创客教育交流分享的主要场所。

加强创客教育师资队伍建设。教师是课程的实施者，是教育活动的组织者和引导者。在创客教育活动中，教师不仅是校园创客空间的管理者，也是校园创客活动的组织者，要充分发挥在创客教育教师中的示范学习、启发引导、统筹规划等方面的优势和作用。创客教育教师应该在开展创客活动过程中，为学生提供必要的引领和帮助，做好引导者和教育者的角色。创客教育的师资队伍建设对学校创客教育活动的开展起到至关重要的作用，因此应该要重视创客师资队伍建设，多渠道、多层次、多形式的培养创客教育教师，满足学校创客教育对师资的要求。受培养时长、学校编制等多方面的影响，创客教育的师资力量在短期内很难得到有效的补充，因此可以采用政府购买服务方式，引进校外专业人才，弥补学校创客教育师资力量的不足。比如，支持学校聘请院校及高科技产业优秀科研人员到学校担任兼职教师，联合开展中小学生创新教育实践；和校外相关机构合作，借用机构人员来壮大学校的创客教育师资力量等。加强创客教师培训，要分层次、分类别对教师开展创意编程、创客项目、STEM教育等创客教育培训，促进教师教育理念和教学水平稳步提升。建设创客教育师资队伍的同时还应考虑组建创客教育专家团队，定期对学校的创客教育实践研究工作进行指导，加强对学校创客教育的骨干教师的培训工作，必要时可以建立创客教育培训基地，建立健全学校创客教育师资队伍培养培训的长效机制。创客教育师资队伍的建设还应该关注教师创新意识、创新思维和动手实践能力的素质，注重多学科知识的融合创新，充分发挥不同学科教师专长,建立一支通晓创客文化、传播创新精神的创客教育团队。积极创建创客教育名师工作室,设立优秀创客教师创客空间(或工作坊),有条件的学校可建立创客教育教研组(中心),采取"传帮带""师徒结对""校际手拉手"等形式,多途径、多形式促进创客教师快速成长。

加强创客教育课程开发和内容创新。课程是教育目标实施的载体,适宜的创客教育课程是创客教育在学校落地实施的基本载体和重要保障。学校要注重创客教育课程的开发,在创客教育中要重视资源和典型案例的积累和整理,融合创新思维方法、问题解决方法等理论知识,结合本校实际情况,开发富有特色的创客教育校本课程。课程开发的过程要充分考虑"立德树人"这一目标在课程中的体现,结合自身的办学基础、校园文化、课程资源、学生需要等情况,结合国家课程、地方课程和校本课程的整体规划,制定学校创客教育课程规划方案,完善创客教育课程体系,优化课程主题、课程目标、课程内容、课程实施、课程评价等课程要素。课程开发中要做好基础课程和提高课程之间的关系,做好学科内部、各学科间的课程整合实施研究,把创客教育理念融入到学科课程的实施过程中来,落实基础型课程的全覆盖,同时将各类专题教育等隐性课程纳入到课程整合的范畴。要把综合实践活动课程作为创客教育的重要载体,认真规划,有效实施。要明确创客课程是面向全体学生、培养学生创造性个性的课程。在学校的课程设置时应注意,创客课程要有层次性,既有面向全体学生的基础性课程,也有满足有更高需求的部分学生的提高型课程,让每一个学生都有适合自己的课程。加强课程的研究与实施,要突出实践性、探究性,依托考察、调查、研究、制作、实验等形式,建构多元化的系列课程。课程的实施要充分考虑到不同年龄段的学生的差异,为不同年龄段的学生提供多样化的实践操作材料,以适应不同年龄阶段学生的能力,满足其成长需求。

开展创客教育活动。定期举办创客教育活动,通过展演、论坛、体验、竞赛等多种活动形式,展示创客教育的新进展、新成效,提升学生创新素养,提高科技创新人才的培养质量。在中小学开展信息技术创新活动,如中小学信息技术创新与实践活动、中小学电脑制作活动、机器人大赛等,可以充分借助创客空间的服务平台,组织多种项目的、多层次的系列化创客竞赛,分享创客经验,展示创客教育的成果,达到以赛促教,提高比赛水平的效果,吸引广大师生的积极参与。学校可以依托创客平台,定期举办校园创客空间评比活动,组织大家进行创客校本课程的交流研讨,给教师提供互相沟通、互相交流的机会,扩大创客活动的影响力,营造浓厚的校园创客文化氛围。

三、"互联网+科技教育"的教学模式

"互联网+"对青少年科技教育的影响是多层次、全方位的,这种改变集中体现在对教学的影响上。"互联网+"为青少年科技教育理念、教学内容、教学方式、教学手段、师生关系地位等都带来了深刻变革。这些也是互联网对教育影响在科技教育领域的体现。目前,"互联网+科技教育"在教学模式在实际教学中得以广泛应用,主要包括"微课"教学和翻转课堂两种方式。

(一)"微课"教学模式

"微课"是以促进学生自主学习为目的,围绕课程所授内容的重要知识点或核心问题精心设计简短而精致的教学视频,并依托互联网上传至教学信息化教育平台或师生网络交流平台,并由学生自学教学内容一种教学活动。"微课"的核心组成部分是课堂知识的传授过程,在这个过程中所体现的与该教学主题相关的教学设计、素材课件、教学反思、练习测试及学生反馈、教师点评等辅助性教学资源也是微课的组成部分。这些方面共同构成了微课模式的表现形式。[128]

微课在教学时间上有一定的限制,教学视频要简短明确。要根据青少年心理发展规律和学情特点以及授课内容合理的设计教学环节,视频总时长要控制在5~8分钟,不宜过长。微课教学时间简短是由微课的性质决定的,微课是一堂课的预习环节,目的是对学生自主预习进行引导,帮助学生理解课程内容。如果时间过长,录制知识点过多或讲授过于全面,反而无法起到在关键环节对学生进行引导的作用,将预习变成了授课。同时,根据学生的认知特点,简短的视频有利于学生集中注意力。微课内容要具体明确,突出重点和教学关键内容,讲授一个知识点即可,不宜过多。同时,授课环节要完整,要精心设计导入、讲授、提问、探究、反思、评价等环节。

在科技教育中,教师在进行微课教学时要综合考虑教学目标、学情情况、所教授科学知识的内容、所处的多媒体环境等,从而合理设计教学内容,并进行视频录制。如表6.2所示,通常教师微课设计要遵循以下标准。

表6.2 微课设计指标

一级指标	二级指标	指标说明
教学选题	选题简明	选题设计必须紧扣教学大纲,围绕某个知识点、教学环节、实验活动等展开,目标明确
	选题典型	解疑定位精准,有个性和特色,应围绕日常教学或学习中的常见、典型、有代表性的问题或内容进行设计,能够有效解决教与学过程中的重点、难点、疑点等问题

续表

一级指标	二级指标	指标说明
教学内容	科学正确	概念描述科学严谨，文字、符号、单位和公式等符合国家标准，符合出版规范；作品无著作权侵权行为，无敏感性内容、导向
	结构完整	所提交的作品必须是微课视频，还可以提供与选题相关的辅助扩展资料（可选）：微教案、微习题、微课件、微反思等，便于评审 微教案的设计要素齐全，内容要精确，注重实效 微习题要有针对性与层次性，主观、客观习题的设计难度等级要合理 微课件的设计要形象直观、层次分明、重点和难点突出，力求简单明了 微反思应该真实细致，落到实处，拒绝宽泛、套话
	逻辑清晰	教学内容的组织与编排要符合当前中小学生的认知逻辑规律，设置合理，逻辑性强，明了易懂
视频规范	技术规范	微课视频录制方法与设备灵活多样（可采用DV摄像机、数码摄像头、录屏软件等均可） 微课视频一般不超过10分钟；视频画面清晰、图像稳定、构图合理、声画同步，能全面真实地反映教学情景
	语言规范	使用规范语言，普通话或英语需标准，声音清晰，语言富有感染力
教学活动	目标达成	达成符合学生自主学习、方便教师教学使用的目标，通用性好，交互性强，能够有效解决实际学习及教学问题，高效完成设定的教学目标，促进学习者思维的提升、能力的提高
	精彩有趣	符合创新教育理念，体现新教材教学方法，教学过程深入浅出，形象生动，精彩有趣，启发引导性强，有利于学生的学习积极性和主动性的提升
	形式新颖	微课构思新颖，富有创意，类型丰富（讲授类、解题类、答疑类、实验类、其他类）
网上评价	网上评价	作品提交后，将在网上进行展示并提供给学生学习和教师教学应用，根据线上的观看点击率及投票率等产生综合评价分值

 案例呈现

降落伞

苏教版/四年级下册/第四单元 无处不在的力/5.降落伞

一、内容说明

本节微课主要介绍降落伞的作用、降落伞的种类以及降落伞的制作过程。

二、设计思路

探究既是科学学习的目标,又是科学学习的方式。探究不仅要动手做,更要动脑才能完成。本课教学采取探究合作式教学方法,设计了以下几个环节:认识降落伞;研究、制作降落伞。

三、降落伞微课学习任务单

任务单如表6.3所示。

表6.3 降落伞微课学习任务单

	课题名称	苏教版科学四年级下册第四单元第五课《降落伞》
学习指南	达成目标	(1)了解降落伞的结构、种类、运行的原理,实验探究影响降落伞降落快慢的因素; (2)实验探究影响降落伞降落快慢的因素
	学习方法建议	认识降落伞的结构、种类、运行的原理是本节课的重点;探究影响降落伞降落快慢的因素以及制作带有创造性的科技作品——降落伞,这是本课的难点
	课堂学习形式预告	观看微课,准备材料(正方形塑料纸、棉线、胶布、夹子)

续表

学习任务	学生通过观看教学录像自学，完成下列学习任务： 1. 了解降落伞的结构、种类； 2. 实验探究影响降落伞降落快慢的因素； 3. 学会制作降落伞； 4. 知道降落伞的用途。 降落伞微课进阶练习： 1. 学生动手制作一个降落伞。 2. 动手完成微课中的实验，得出结论
困惑与建议	（提示：此项由学生在自主学习之后填写）

设计者：邢鸿昌，安徽合肥市肥东县店埠学区中心学校

（二）"翻转课堂"教学模式

翻转课堂（Flipping the Classroom/The Flipped Classroom）是学生在上课前利用教师提供的教学视频等学习资源进行自主学习，提前预习授课内容，进行自主探究；在正式上课后，以学习小组为单位学习分享所学知识内容，由学生讲解相关内容，并提出问题和疑惑之处，教师根据学生问题和学习进行合理的引导，指导学生开展探究活动，并对学生的学习情况进行评价的一种新型的教学模式。

传统的教学方式，遵循着教师授课、学生听课、教师提问、学生回答、布置作业的授课流程，而翻转课堂式的教学恰恰是把传统教学的主要结构颠倒过来，这与传统的课堂教学模式有大不同。在翻转的课堂中，基于学生前期预习的情况进行教学，学生自主预习是教学的前提和基础，这就形成了先学后教的模式，学是教的基础。课堂成为学生施展才能的舞台，学生以小组为单位相互交流互动，甚至由学生"客串"教师对某一问题进行讲解，从而使学生的主体性得到了充分调动。翻转课堂模式并非源自新的教育和学习理论，其仍然采用了广大教师所熟悉的学习方法，就是由学生按照自己的实际情况学习课程。在翻转课堂上，看似教师教学身份淡化了，但实则是对教师提出了更高的要求。教师要提高对课堂的把控能力，教学设计要更加详尽具体，要能够根据学生课堂探究和讨论、课堂展示情况，发现学生在学习中的问题，并给予恰当的引导，同时针对学生提出的各种问题，要及时答疑解惑。翻转课堂让学生自己掌控学习进度，这种以学生为主体的课堂，各种突发情况和问题将会猝不及防地出现，这无不考验着教师的教学智慧，也对教师的专业能力

提出了更高的要求。

翻转课堂具有以下几个特点：一是使用微课视频。需要提供给学生的教学视频是以"短小"见长的，应属微课型视频。二是学生学习具有自主性。教学视频和资料一般通过网络发布，学生可以灵活掌握学习时间和进度，学习具备暂停、回放等多种功能，有利于学生的自主学习。三是教学内容清晰明确。教学视频图文并茂，有图像、有声音，学习内容清晰，视频中没有其他附加内容，使学生更容易集中精力来学习。四是创新学生学习流程。用传统方式学习时，学生的学习过程由两个阶段组成：第一阶段课堂讲授，是一个信息从教师到学生间的传递过程，由师生共同完成；第二个阶段是所学知识的掌握和训练，学生要通过大量的训练实现知识的内化。前一个过程只发生在课堂上有限的时间内，课后消化过程由学生独立进行，鲜有教师和同学的外部帮扶，因此学生遇到困难时往往会产生极大的失落感和挫败感。翻转课堂对学生的学习环节和程序进行了重新设计，建立先学后教的模式，在先期预习阶段提供视频指导，调动学生学习积极性。五是课后评价检测及时，测评结果反馈迅速。课前学习，老师均精心设计学习任务，设计学习进阶任务（作业），学生的完成情况通过信息化教学平台实时传输给教师。同时，老师能够及时地通过云平台进行汇总处理，了解学生的学习状况，还可以做到一对一的辅导。

在实施翻转课堂教学时要把握好以下三个环节：

环节一：精心设计微课内容。要将H5技术融入移动教学，以类似微课形式的PPT语音课件，帮助教师轻松实现翻转课堂。课前，教师可以将包含着视频、音频、图片、动画等元素的PPT推送给学生，供其自主学习使用。

环节二：推动学生自主学习。在翻转课堂教学中，必不可少的是信息技术。速课网基于微信生态圈，为教师实现翻转课堂提供了最佳解决方案。在课前预习中，教师通过学习网络平台推送预习课件，学生进行探究学习。教师能够随时随地发起提问，学生也能在线提出问题或回答问题。此外，教师还可以结合教学重点知识，运用"讨论区"功能组织学生开展讨论研究。

环节三：注重评价反馈。在课堂教学后，要对学生课堂表现情况进行评价，同时对教学过程进行反思。教师教学全过程以及学生学习的所有痕迹都会通过大数据智能分析整理并反馈至教师的数据库中，教师还能随时在线下载、汇总学习数据，用于期末评价学生。教师可以根据每个学生的学情分析进行有个性化教学，帮助学生实现更好的发展。

 **案例呈现**

遗传的奥秘

（一）内容说明

《遗传的奥秘》的主要教学目标是让同学们了解生物性状和掌握生物遗传规律，课程中详细介绍了生物性状，孟德尔豌豆实验和基因的显隐性和近亲结婚的危害等知识点。通过动画讲解分析，使同学们更形象、生动地认识到生物遗传的规律，在课程的学习中还能让同学们认识到在以后的生活中应用实事求是的科学态度来研究问题。

（二）设计思路

《遗传的奥秘》主要教学内容是生物遗传规律。视频中先用课前小故事抛出一个小问题引出课题，再依次介绍生物相对性状，孟德尔豌豆实验、基因的显隐性和近亲结婚的危害这些知识点。视频的最后有针对的课堂总结和小练习，帮助学生巩固课堂知识。最后回到课前小故事中提出的问题，让同学们根据课上学习到的知识，利用课后时间解答，以便同学们继续深入研究。

（三）教学目标

了解孟德尔豌豆实验，知道基因的显隐性和生物形状，理解生物遗传规律；了解近亲结婚的危害。

（四）教学重点

孟德尔豌豆实验；生物遗传规律；近亲结婚的危害。

（五）教学难点

孟德尔豌豆实验；由孟德尔豌豆实验推导出生物遗传规律。

（六）教学方式

用动画视频的方式呈现。

（七）微课录制脚本

《遗传的奥秘》微课录制脚本如表6.4所示。

表6.4 《遗传的奥秘》微课录制脚本

课程名	生物	课题名	《遗传的奥秘》	适用年级	八年级
脚本说明	总时长5分50秒，以动画的形式加画外配音解说的方式展现					
课程介绍	《遗传的奥秘》的教学目标是让同学们了解生物性状，掌握生物遗传规律的课程，课程中详细介绍了生物性状、基因的显隐性知识					
编号	画面内容	解说词		时长（秒）	效果说明	
1	片头	同学们好，欢迎来到微课堂。我是主讲小丁老师。今天课程的主题是遗传奥秘。课前我们先来看一个小故事		10	动画	
2	课前小故事	从前有一个女演员读了一个作家的作品，便心生爱慕之心。于是，她写信求爱说："倘若我与你结婚，生下的孩子既有你的聪慧又有我的美貌，岂不是很好？"作家幽默地回信说："也可能具有你的聪慧和我的容貌，那岂不是糟了"		30	动画	
3	课程目录	故事看完了，同学们觉得谁说的对呢？下面我来介绍下今天的课程，今天的课程分为四个部分，分别为："生物性状""孟德尔豌豆实验""科学解释"和"拓展发散"		30	动画	
4	课程第一部分	我们先来看课程第一部分——"生物性状"		8	动画	
5	生物性状的概念	生物体所表现的形态结构、生理生化和行为方式等称为性状		8	动画	
6	相对性状	接下来让我们一起来找不同，观察下列豌豆的性状。我们可以看出豌豆的每一种性状大多有不同的表现形式。在遗传学上把同生物同一性状的不同表现形式称为相对性状		20	动画	
7	课程第二部分	下面是课程的第二部分"孟德尔豌豆实验"。让我们同被誉为"遗传学之父"的生物学家孟德尔一起探索性状遗传的奥秘吧		15	动画	

续表

编号	画面内容	解说词	时长（秒）	效果说明
9	实验说明	前面我们学习了豌豆具有明显的相对性状，孟德尔选取了具有高矮茎区别的纯种豌豆，把矮茎豌豆的花粉授给去掉雌蕊的高茎豌豆，获得了子一代的种子。由杂交子一代的种子长成的植株都是高茎的，而将子一代结下的种子种下去长成的子二代植株有高茎也有矮茎的，不过矮茎要少得多	60	动画
10	第三部分	怎么解释这些奇妙的现象呢？接下来，请看第三部分"科学解释"	8	动画
11	科学解释	在孟德尔的豌豆实验中，高茎和矮茎是一对相对性状，他用纯种的高茎豌豆和纯种的矮茎豌豆进行杂交，后代却只能得到高茎没有表现矮茎的性状就好像矮茎性状隐藏起来了一样，所以他将高茎的性状称为显性性状。将矮茎的性状称为隐性性状。 而性状由基因控制，性状的显隐性与控制它的基因有关。控制显性性状的基因为显性基因，一般用同一英文的大写表示；控制隐性性状的基因为隐性基因，一般用同一英文的小写表示。假设用D表示的话，纯种高茎豌豆的基因就是DD，而矮茎豌豆的基因就是dd。所以在杂交融合中，我们可以得出子二代的四种类型，分别是DD、Dd、dd和dD。因为体细胞中基因是成对出现的，所以当两个都为显性基因时，表现为显性性状，即DD；当两个都为隐性基因时，则为隐性性状，即dd；但当显性基因和隐性基因同时存在时，也表现为显性性状，即Dd或dD。在子一代中，虽然隐性基因控制的性状不明显，但它还会遗传下去。在孟德尔豌豆实验中由纯种高矮茎豌豆杂交得到的后代基因表现是Dd，它既有显性基因，也有隐性基因，但它表现出的性状是显性基因所对应的性状就是高茎。后来孟德尔又把子一代高茎豌豆进行自交，将其结出的豌豆种下，而后长出的豌豆就既有高茎豌豆也有矮茎豌豆了	200	动画

续表

编号	画面内容	解说词	时长（秒）	效果说明
12	第四部分	对于基因遗传规律的知识，你是否理解了呢？下面进入最后一部分——"拓展发散"	8	
13	拓展发散	在我国婚姻法中有明确规定禁止近亲结婚。难道是基因遗传规律与近亲结婚之间有什么关系吗？没错，这中间有很大的关系。来自一个家族的多个个体可能会携带隐性致病基因，那么近亲结婚生育产生隐性纯合的机会就会增大，因而所生下的孩子患病机会就会大大增加，为了减少患病几率，所以禁止近亲结婚	30	动画
14	课后巩固	课程的四个部分结束了，我们来给今天的课程做个小结吧！ ① 相对性状有显性性状和隐性性状之分； ② 在相对性状的遗传中，表现为隐性性状的基因组成只有一种dd,表现显性性状的基因组成由DD或Dd； ③ 基因组成是Dd的个体只表现D控制的性状不表现d控制的性状，但d不受D的影响还会继续遗传下去； ④ 近亲结婚后代患遗传病的可能性大	45	动画
15	学生问答	最后再让我们做个小练习，巩固一下今天所学的知识吧	20	动画
16	课后作业	同学还记得课前的小故事吗？女演员和作家他们两个谁说的对呢？请同学们课后结合今天的学习内容思考一下	10	动画
17	结束	希望同学们以后也能学习孟德尔这种实事求是的科学态度来研究问题。那么今天的课程到此结束了，同学们，再见	10	动画

设计者：丁莹莹,安徽马鞍山市市辖区马鞍山师范高等专科学校

结　语

当前,基于学生核心素养的教育改革逐渐引起全球关注,成为许多国家或地区制定教育政策、开展教育实践的基础。自2016年中国学生发展核心素养公布以来,核心素养一直是我国教育界的热词。学生发展核心素养是当前推进教育改革的指导理论,是推进学校教育创新发展的关键因素。这种关键性体现在对教育理念、课程编制、教学设计、教师发展、学生培养、教育评价等方面全要素、全流程的结构再造。核心素养回答了"培养什么样的人"的问题,建立学生核心素养旨在推进教育教学改革。科学素养是青少年发展核心素养的重要部分,那么,培养青少年的科学素养,让科学素养成为青少年未来立足社会,成长成才的必备素养,这就是青少年科技教育的初衷。如何将核心素养从一套理论框架,落实与推行到具体的科技教育和教学活动中去,进而真正实现其育人功能与价值,是青少年科技教育面临的重大问题。本书以中国学生发展核心素养如何在青少年科学教育中有效实施为研究的出发点,探讨了如何推进基于核心素养的科技教育理念更新、课程改革、教学改革、教育实施等问题,系统论述了基于核心素养的青少年科技教育的有关理论和实践路径。

从核心素养出发,青少年科技教育首先要进行观念的革新,即要树立可持续的发展观。核心素养是指个体应具备的,能够适应终身发展和社会发展需要的必备品格和关键能力,其发展是一个持续终身的过程,可教可学,最初在家庭和学校中培养,随后在一生中不断完善。青少年科技教育要顺应科学素养终身性的特点,把青少年的科技教育置于教育及整个社会生态系统中,建立和完善自我调节机制和创新机制,实现维持和完善自身存在和发展的需要,从而为培养有科学素养和技术素养的公民提供保障。在青少年科技教育课程方面,课程统整是核心素养得以落地实施的有效途径和内在要求。青少年科学素养和创新能力的养成是一个长期、持续、综合的教育过程,不是单纯的某一或某一类课程可以独立完成的,需要各门课程和学校整体教育活动的多方配合。青少年科技素养以及问题解决能力、创新精神、社会责任感等方面的素养不是仅靠某一个学科就能够培养的,而是需要借助多学科、多种知识和多种能力的共同作用。核心素养推动的科技教育课程改革,要从跨学科能力出发,通过主题活动式统整、螺旋式课程统整、混合式科技教育课程统整等形式,打破学科界限,促进科技教育学科融合,共同致力于青少年科学素养的提升。

在青少年科技教育教学设计方面,要重构科技教育教学观,聚焦科学素养,实现学生全员参与,聚焦生活体验,回归学生生活场域,聚焦主动探究,推进学生知识整合建构,聚焦发展性评价,促进学生全面均衡发展。开展科技教育活动时要从影响科技教育的各因素以及科技教育可能带来多重影响出发,以系统的思维进行教学的开发和设计,实现教师与学生、学生与科技知识、课内教育与课外实践的有效衔接,最终达成各教学要素的有效整合,践行科技教育的核心价值,为全民科学素养提升这一价值取向的实现奠定基础。在科技教育实践中,要重视实践载体的建设,要建立"互联网+"的青少年科技教育实践机制和运作模式,规划"互联网+科技教育"的发展蓝图,力图从体制机制上建立起"互联网+科技教育"新的秩序,促进人才培养和社会发展新的需要。构建STEM创新课程体系,实现STEAM课程与国家基础学科的融合,开展要与学生生活实践相整合的基于项目的STEM学习。要促进社会资源整合,加强校外科技教育环境的建设,鼓励、促进社会资源的教育功能开发和充分有效地利用好社会资源为教育服务。除此之外,基于核心素养的科技教育活动还要一个需要强大教育队伍,需要建立社会志愿者、科普工作人员、科技教育教师一体化的沟通交流机制,从而形成教育合力,共同促进科技教育活动开展。

基于核心素养的青少年科技教育问题的研究,最终目的是希望能够运用于现实教学中,真正为科技教育发展提供理论和实践指导。就目前本研究成果来看,对于一些基本理论的阐述比较充分,并力图引用和开发设计大量的教育案例阐述科技教育的具体实施问题,为社会尤其是中小学校开展科技教育普及工作提供基础指导。研究发现,核心素养的实施关键是找准实践的立足点,能够将理论的东西转化为现实教学参考,并取得应有的实践效果。基于这一点,目前本书在案例收集、编写等方面还存在不足,在今后需要进一步加强这方面的研究。此外还需与中小学校继续深化校城融合项目实施,整合多方资源建立核心素养框架下的青少年科技教育案例库,为开展科技教育提供现实参考。检测实施成效的关键点是评价,目前我们尚未建立起科学性、系统性的基于核心素养的科技教育实施评价体系,这将是今后研究的一个重点领域。

参 考 文 献

[1] 祝丽霞,杨晓光.高职院校学生职业素养的问题与对策研究[J].科技创业月刊,2016,29(23):55-56.

[2] 侯丹.提升职业素养,实现角色转变:试论开放大学教师职业素养特征及实现途径[J].辽宁广播电视大学学报,2016(4):63-65.

[3] 蔡文艺,周坤亮.以"核心素养"为中心的课程设计:苏格兰的经验和启示[J].辽宁教育,2014(13):87-90.

[4] 崔允漷.素养:一个让人欢喜让人忧的概念[J].华东师范大学学报(教育科学版),2016,34(1):3-5.

[5] 朱琳.学生发展核心素养背景下小学课程整合的策略研究[D].重庆:西南大学,2017.

[6] 孙思雨.国内关于核心素养研究的文献综述[J].基础教育研究,2016(17):14-16,20.

[7] 吕晓蕊.基于学生核心素养的校本课程建设[D].上海:华东师范大学,2016.

[8] 解进.基于核心素养的课程校本化实施个案研究[D].上海:上海师范大学,2017.

[9] 李晓军.核心素养:技术本科院校通识教育的新走向[J].教育发展研究,2014,34(17):65-70.

[10] 姚志峰.核心素养下的《道德与法治》教学研究[A]//北京中教智创信息技术研究院.第十二届中国智慧工程研究会基础教育"十三五"规划课题会议论文集[C].北京中教智创信息技术研究院:北京中教智创信息技术研究院,2017:9.

[11] 杨志成.核心素养的本质追问与实践探析[J].教育研究,2017,38(7):14-20.

[12] 杨志成.核心素养的教育本体论归因[N].中国教育报,2017-04-05.

[13] 胡定荣.全面发展·综合素质·核心素养[J].新疆师范大学学报(哲学社会科学版),2018,39(6):61-78.

[14] 朱琳.学生发展核心素养背景下小学课程整合的策略研究[D].重庆:西南大学,2017.

[15] 陈佑清."核心素养"研究:新意及意义何在？基于与"素质教育"比较的分析[J].课程·教材·教法,2016,36(12):3-8.

[16] 代小芳.从"素质"到"核心素养"的教育嬗变[J].长江师范学院学报,2018,34(5):106-111,124.

[17] 杨惠雯.核心素养的谱系学考察:基于OECD的分析与反思[J].比较教育研究,2019,41(2):53-59.

[18] 杨惠雯.OECD核心素养框架的理论基础[J].外国中小学教育,2018(11):20-27,19.

[19] 蔡清田.论核心素养的国际趋势与理论依据[J].东北师大学报(哲学社会科学版),2018(1):149-158.

[20] 张华.论核心素养的内涵[J].全球教育展望,2016,45(4):10-24.

[21] 蔡清田.国际视野下核心素养教育理念之研究及其实现[J].当代教育科学,2019(3):19-23.

[22] 朱旭.核心素养下自主参与型班级管理模式的原则[J].当代教育理论与实践,2017(12):4.

[23] 张杨.改革开放四十年课程目标研究的成就与反思:以"双基"研究为切入点的观察与思考[J].湖南师范大学教育科学学报,2018,17(6):30-36.

[24] 王萌,胡美.浅析科学教育的重要性及其发展[J].科技信息,2012(22):64.

[25] 李富强,吴晗清.从科学到科学教育学:科学教育学概念研究[J].海南师范大学学报(社会科学版),2013,26(10):122-127.

[26] 于洪全.中小学科技教育亟待加强[J].科学新闻,2002(24):16.

[27] 徐美.提高农村教师科学素养 完善农村中小学科学教育[J].教育理论与实践,2013,33(34):33-34.

[28] 王建强.培养造就大批优秀科技人才[N].河北日报,2019-01-04.

[29] 陈尧,晏琪.习近平五大发展理念的理论探析:基于马克思主义发展理论的视角[J].学理论,2018(12):4-7.

[30] 周延礼.协同构建保险科技新生态[J].金融电子化,2018(7):8-10.

[31] 黄爱民.师范生小学科学教学能力培养研究[D].济南:山东师范大学,2007.

[32] 葛海霞.互联网时代科技记者的创新与坚守[J].科技传播,2019,11(3):105-106,111.

[33] 第八次中国公民科学素养调查结果发布(2010年11月25日)[J].科技传播,2010(23):20-21.

[34] 关于加强中小学科技教育工作的意见[J].福建基础教育研究,2009(3):10-12.

[35] 王鑫淼.基于核心素养下的高中物理课堂探究[J].科技风,2019(2):18.

[36] 李太平.论科技素质及其结构[J].湖北大学学报(哲学社会科学版),2000(6):86-90.

[37] 王文宝.科学精神培养的意义、途径及对教师的要求[J].中国德育,2017(18):33-35.

[38] 本报评论员.科学质疑是有门槛的[N].科技日报,2018-06-19.

[39] 张先梅,罗双燕.大学生视角下创造力培养的方法探析[J].考试周刊,2012(8):146-147.

[40] 过大维,钱军先.高中数学教学中学生的问题意识及其培养[J].中学数学月刊,2019(1):5-8.

[41] 王丽明,陈栋.主流媒体"微评论"的创新与嬗变,青年记者[J].2019(9):28-29.

[42] 殷志杰.谈自然课中的能力培养(一)[J].科学启蒙教育,1987(6):2-5.

[43] 陆晶金.浅谈职业教育物理教学中对学生思维能力的培养[J].科教文汇(下旬刊),2011(6):117-119.

[44] 王跃光,范丹红.中学生物学研究性学习的分类及指导[J].生物学通报,2004(4):37-40.

[45] 甄小瑞.如何培养幼儿美术创造力[J].山海经,2019(2):56.

[46] 徐卫星.以科技教育为抓手提高学生实践创新能力[J].学生之友(小学版),2012(10):60.

[47] 龙凤,韩荣弼.杜威和帕克教育思想的现代启示[J].考试周刊,2012(90):21-22.

[48] 丁邦平. 国际小学科学教育的发展趋势:兼谈我国小学自然课的若干问题[J]. 教育研究与实验,1998(3):31-36,72.

[49] 谢铁汉. 小学科学启蒙教育的发展趋势及启示[J]. 泉州师范学院学报,2000(6):114-117.

[50] 舒跃育,李晓晔,石莹波. 科学家与媒体在科学传播中应协同共进[N]. 中国社会科学报,2019-03-05(005).

[51] 韩凤芹,周孝,史卫,张绘. 我国财政科普投入及其效果评价[J]. 财政科学,2018(12):19-35,56.

[52] 胡晓东. 小学科学教育活动的实践与认识[J]. 小学科学(教师版),2018(4):98.

[53] 刘晓青. 领导干部要注重提高科学素养[N]. 学习时报,2017-11-15.

[54] 宋娴. 以科学教育推进科学普及[N]. 山东科技报,2017-09-25.

[55] 林世爵. 铸强科普之翼,助力广东创新发展:广东科普40年政策演进历程及发展概况[J]. 广东科技,2018,27(12):24-29.

[56] 张力. 中国高教发展基本形势与若干政策[N]. 中国教育报,2005-09-07(005).

[57] 罗明东,李舜,李志平. 区域教育与可持续发展研究[M]. 北京:科学出版社,2005.

[58] 钱学森. 论系统工程[M]. 长沙:湖南科学技术出版社,1982.

[59] 林美玉,褚宏祥. 青少年科技教育系统的结构与特点阐析[J]. 技术与创新管理,2011,32(4):447-450.

[60] 肖凤翔,董显辉. 系统论视域下我国职业教育层次结构的优化[J]. 职业技术教育,2012,33(13):10-15.

[61] 罗伯特·L.弗勒德,迈克尔·C.杰克逊. 创造性解决问题:全面干预系统[M]. 杨建梅,庄东,等译. 上海:上海科技教育出版社,2008.

[62] 吕静锋. 区域中等职业教育与可持续发展研究[M]. 北京:人民出版社,2009.

[63] 李舜. 区域教育可持续发展研究[D]. 昆明:云南师范大学,2002.

[64] 张红霞. 小学科学课程与教学[M]. 北京:高等教育出版社,2004.

[65] 邱勇强. 贫困女大学生心理健康教育正向支持系统的构建研究[D]. 桂林:广西师范大学,2011.

[66] 邓荣.用系统论分析职业技术教育的若干问题[J].南京工业职业技术学院学报,2002(2):39-41.

[67] 邓剑.台湾公私立大学学杂费齐一化研究[D].南宁:广西大学,2013.

[68] 罗明东,陈瑶.区域教育可持续发展系统论[M].上海:同济大学出版社,2005.

[69] 陈晶蓓.试论教育系统的经济环境[J].攀登,1997(2):68-71,75.

[70] 吕静锋.区域中等职业教育可持续发展研究[M].北京:人民出版社,2009.

[71] 赵洪海.课程设计与教育面向未来[J].山东师大学报(社会科学版),1993(2):58-61.

[72] 李舜.区域教育可持续发展研究[D].昆明:云南师范大学,2002.

[73] 于涛,林美玉.加强科技教育调控 培育人才科技素养[J].中国人才,2011(14):19-20.

[74] 中华人民共和国科学技术普及法[J].科技与法律,2002(22):14-16.

[75] 张宝辉.非正式科学学习研究的最新进展及对我国科学教育的启示[J].全球教育展望,2010,39(9):90-92,74.

[76] 林美玉,于新惠,王杰.青少年科技教育研究的现状与思考[J].教育与教学研究,2011,25(12):27-30.

[77] 冉蓝杏.对初中综合实践活动课程的思考:以成都某中学为案例[J].中国农村教育,2019,289(3):126.

[78] 范蔚,赵丽.中学科技教育类校本课程开发个案研究[J].中国教育学刊,2011(1):64-67.

[79] 冯华.广西初中化学教师教育现状调查研究[J].广西教育学院学报,2008(6):210-212,234.

[80] 马占杰.解决常态课与公开课巨大差距的策略[J].教学与管理,2010(19):36-37.

[81] 全民科学素质行动计划纲要[J].时政文献辑览,2007:876-887.

[82] 喻丹.除精神鸦片 扬科学风帆[J].当代贵州,2004(2):26-27.

[83] 陈建尧.开发农村家庭科技教育资源的探析[J].福建教育学院学报.2006(3):84-86.

[84] 刘丽超.关于中小学课外辅导对学生学业成绩影响的研究[D].北京:首都师范大学,2012.

[85] 金延飞.浅析创新青少年科技教育[A]//中国科学技术协会、云南省人民政府.第十六届中国科协年会:分16以科学发展的新视野,努力创新科技教育内容论坛论文集[C].中国科学技术协会、云南省人民政府:中国科学技术协会学会学术部,2014:4.

[86] 吴旭君.社会科技教育资源的开发利用探讨[J].南阳师范学院学报,2010,9(12):121-124.

[87] 蔡清田.国民核心素养之课程统整设计[J].上海教育科研,2016(2):5-9.

[88] 徐啟慧.小学语文课程整合的问题及其突破[D].聊城:聊城大学,2017.

[89] 游家政.学校课程的统整及其教学[J].课程与教学季刊,2000(1):19-38.

[90] 靳玉乐.论课程的综合化[J].基础教育研究,1996(5):3-5.

[91] 古德英.学校课程统整的课堂教学模式构建研究[J].教育科学论坛,2017,(29):25-26.

[92] 廖鲜梅.基础教育研究2017年度发展报告:2017年《中小学教育》论文转载情况统计与分析[J].当代教育科学,2018(3):7-12.

[93] 高慧珠.课程统整中主题内容开发的内涵、模式及策略[J].教育科学研究,2010(2):45-47.

[94] 约翰·斯塔韦尔,秦晓文,张铁道.怎样教科学[J].教育研究,2011,32(6):73-78.

[95] 杨晓萍.学前教育回归生活课程研究[D].重庆:西南大学,2002.

[96] 高慧珠.小学教育本科专业课程统整研究[D].重庆:西南大学,2010.

[97] 李佳涛.以学习进阶方式统整的科学课程设计研究:基于《K12科学教育框架》分析[D].武汉:华中师范大学,2014.

[98] 皇甫倩.基于学习进阶的教师PCK测评工具的开发研究[J].外国教育研究,2015,42(4):96-105.

[99] 潘紫千,张晓春.从课程标准看生物学概念的重要性[J].教育实践与研究(B),2014(11):25-27.

[100] 王慧君.科学探究教学设计:依据、实施与评价[J].中国电化教育,2013(9):102-106,126.

[101] 张嘉.真实性学习:综合实践活动课程涵育核心素养的新视角[J].基础教育课程,2018(11):33-38.

[102] 齐格蒙特·鲍曼.作为实践的文化[M].北京:北京大学出版社,2009.

[103] 赵国庆,张丹慧,陈钱钱.知识整合教学理论解读:将碎片化知识转化为连贯性想:访学习科学国际著名专家马西娅·C·林教授[J].现代远程教育研究,2018(1):3-14,30.

[104] 蔡清田.论核心素养四个教育阶段的课程设计[J].课程教学研究,2018(3):13-21,51.

[105] 张紫屏.论素养本位学习观[J].全球教育展望,2016,45(3):3-14.

[106] 克努兹·伊列雷斯.我们如何学习:全视角学习理论[M].孙玫璐,译.北京:教育科学出版社,2014.

[107] 曲朝旭.农村初中物理直观教学法的实践研究[D].长春:东北师范大学,2017.

[108] 陆虹.信息技术在课堂教学中的妙用[J].新课程(综合版),2013(7):10-11.

[109] 阴祖宝.基于专业学习共同体的教研组变革策略研究[D].重庆:西南大学,2014.

[110] 陈进宝.基于核心素养培养的学校科技教育实践与思考[J].福建基础教育研究,2018(2):25-27.

[111] 邱永富.提高科学课堂有效性实践与思考[J].启迪与智慧(教育),2014(6):72.

[112] 《中国学生发展核心素养》总体框架正式发布[J].上海教育,2016(27):8-9.

[113] 乔效菊.科学实验教学要开好头[J].实验教学与仪器,2012,29(4):52.

[114] 余春里.初中化学教学反思[J].教育教学论坛,2011(2):38.

[115] 舒义平.小学生科技创新活动的现状及对策[J].中国校外教育,2014(13):194.

[116] 丁念金.学校课程统整中的课程结构设计[J].课程·教材·教法,2008(11):3-7.

[117] 刘小龙.在小学科学课程中引入STEM教育思想[J].教育,2017(34):16.

[118] 高瑞萍."社会教育资源"解读[J].教育理论与实践,2009,29(S1):5-6.

[119] 高瑞萍.论小学生社会教育资源的开发和利用[D].太原:山西大学,2010.

[120] 蔡玉敏.城市化进程中农村青少年的社区教育问题[J].青少年犯罪问题,2003(4):43-44.

[121] 吴旭君.社会科技教育资源的开发利用探讨[J].南阳师范学院学报,2010(9):121-124.

[122] 欧均佑.欧洲学校科技教育的特色和举措[J].徐汇教育,2004(11):11.

[123] 吴旭君.利用社会科技教育资源促进青少年科技素质的研究[D].上海:上海师范大学,2005.

[124] 青少年校外教育工作者培训指导用书编写组.俄罗斯校外教育的基本状况(校外教育活动案例选析)[M].北京:中国统计出版社,2003.

[125] 吴敏中.日本孩子公园里学环保[N].环球时报,2004-11-03.

[126] 肖凤翔.大教育观念的实质及其对教育创新的启示[J].河北师范大学学报(教育科学版),2002(5):9-14.

[127] 袁从领,母小勇.论"互联网+科学教育"的教学模式创新[J].课程·教材·教法,2018,38(8):92-98.

[128] 吴安艳,陈继良,张泓毅.微课理念下的教师教育技能实训方案研究:以韶关学院的师范教育为例[J].软件导刊,2013,12(6):199-201.